더 급한 곳으로 가라

더 급한 곳으로 가라

지은이	이상규
초판발행	2025년 4월 29일

펴낸이	배용하
책임 편집	배용하
교열 교정	박민서, 윤찬란, 최지우
사진 제공	MCC Northeast Asia
등록	제364-2008-000013호
펴낸곳	도서출판 대장간
	www.daejanggan.org
등록한 곳	충청남도 논산시 가야곡면 매죽헌로1176번길 8-54
대표전화	(041) 742-1424 전송 (0303) 0959-1424

분류	교회사	신앙운동	메노나이트	구제
ISBN	978-89-7071-744-9 03230

 값 10,000원

더 급한 곳으로 가라

– 메노나이트 역사와 한국 구호사업(1951~1971) –

A Short History of the Relief and Educational Work of MCC
in Korea during and after Korean War, 1951-1971

by
Sang Gyoo Lee, Th. D.

이 상 규

* 이 책에서 Anabaptism, Anabaptists를 '재침례,' 혹은 '재침례파'로 번역하지 않고, '아나뱁티즘' 혹은 '아나뱁티스트'로 음역하거나 '재세례,' 혹은 '재세례파'로 표기하였다. 16세기 아나뱁티스트들 모두가 침례浸禮, baptism by immersion를 고집하지 않았고, 적례滴禮 혹은 관수례灌水禮, aspersion를 받아들인 이들도 적지 않았기 때문이다.

목차

서문

  이번에 『더 급한 곳으로 가라』라는 작은 책을 펴내게 되었습니다. 목차에 잘 드러나 있지만, 메노나이트 교회가 어떤 교회인지 알지 못하는 이들을 위해서 16세기 종교개혁과 재세례파운동을 소개한 후 메노나이트 교회의 형성에 대해 기술하였습니다. 그리고 한국에서 메노나이트교회의 구호사업을 설명하기 위해 이 교회의 구호사업을 관장하는 기구인 메노나이트중앙위원회MCC에 대해 소개하였습니다. 그리고 이 바탕 위에서 메노나이트가 6.25전쟁기와 그 이후 시기 한국에서 어떤 구호활동 혹은 교육사업을 전개해 왔는가에 대해 간략하게 기술하였습니다. 6.25 전쟁기 메노나이트는 기독교세계봉사회CWS, 기독교아동복리회CCF, 컴패션Compassion 등과 더불어 한국에서 가장 많은 구호사업을 전개했던 외원단체였습니다.

  올해는 '스위스 형제단'1525이라고 불리는 제세례파 운동이 시작된 지 500주년이 되는 해이고, 메노나이트중앙위원회MCC가 한국에서 구호사업을 시작한 지 74주년, 한국에서의 20년간의 사업1951-1971을 종료하고 한국에서 철수한 지 54년이 되는 해입니다. 이를 기념하기 위해 이 책을 펴내게 되었습니다.

  이 책은 2024년 11월 19일 대구 대신대학교에서 개최된 (사)경산

메노나이트 근대문화유산보존회가 주최하는 '경산메노나이트 근대문화컨퍼런스'에서 필자가 발표된 원고를 중심으로 엮었습니다. 이날 두레공동체 대표이신 김진홍 목사님과 필자가 강연했는데, 이날 행사 이후 저의 강연원고를 책으로 출판해 주면 좋겠다는 주변의 요청이 있어 이날 강연원고를 손질하고 일부를 더하여 한 권의 소책자로 편집한 것입니다.

이 책은 16세기 교회개혁운동인 종교개혁과 재세례파, 메노나이트, 그리고 메노나이트중앙위원회와 그 활동에 대한 간략한 안내서라고 할 수 있습니다. 이 책은 여러 측면에서 부족하고 미흡합니다. 특히 메노나이트중앙위원회의 한국에서의 활동에 대한 기록이 매우 부족합니다. 따라서 이 책의 유효기간은 더욱 충실한 기록이나 보고서 혹은 연구서가 출판될 때까지 임시적이고 한정적입니다. 필자는 이 책의 유효기간이 단축되기를 기대합니다.

비록 제가 이 책을 집필했지만 저는 메노나이트 교인이 아니라 개혁신앙 전통을 따르는 장로교인이자 대한예수교장로회 고신총회에 속한 목사이며, 고신대학교에서 오랫동안 교회사를 가르쳐왔습니다. 장로교와 아나뱁티즘과는 교리적으로 상당한 차이가 있고, 16세기 칼빈은 재세례파를 비판했습니다만 이 책은 교리적인 문제를 취급한 것이 목적이 아니라 이 교회가 한국에서 어떤 사업을 전개해왔는가에 대한 기록입니다. 이 책을 통해 우리가 전화戰禍의 고통 속에 있을 때 메노나이트가 어떻게 우리에게 사랑을 베풀었던가를 기억하는 기회가 되기를 바랄 뿐입니다. 은혜받은 자가 은혜 베푼 자를 기억하는 것은 도덕입니다. 교리적 차이에도 불구하고 그들의 사랑이 오늘 우리에게 어떤 의미가 있는가를 회고하는 기회가 되기를 기대합니다.

이 책 출판을 위해 수고해 주신 여러분들에게 감사를 드립니다. 특히 어려운 출판 환경임에도 불구하고 기꺼이 이 책을 출판해 주신 도서출판 대장간의 배용하 사장님과 직원들, 그리고 이 소책자에 대해서 과분한 천사를 주신 권용근 박사, 최대해 박사, 문선주 목사님 그리고 이 책 원고를 읽고 유익한 의견을 제시해주신 김복기 목사님께 깊은 감사 드립니다.

2025년 1월 20일

이상규, 백석대학교 석좌교수

1. 시작하면서

종교개혁이라는 거대한 역사적 변혁을 통해 오랜 세월 동안 신성 불가침한 존재로 군림해 왔던 수많은 체제가 붕괴하는 과정에서 루터나 츠빙글리 칼빈 등 비교적 온건한 개혁자들과는 구별되는 더욱 급진적인 개혁운동이 전개되었는데, 그 대표적인 경우가 재세례파 Anabaptists였다. 재세례파는 독일을 중심으로 전개된 루터의 개혁운동, 스위스의 츠빙글리와 칼빈의 개혁운동과 더불어 또 하나의 중요한 개혁운동이었으나 16세기 교회개혁운동사 연구에서 무시되거나 경시되어왔다. 20세기 초까지도 이들에 대한 연구나 관심은 미미했다. 그러나 1920년대 이후 재세례파에 대한 연구가 그 후예들에 의해 구체화 되기 시작했다.[1] 그러나 적어도 1930년대까지만 하더라도 교회사 관련 서적에서 재세례파가 독립된 별장別章으로 취급된 경우

---

[1] 재세례운동 기원 400주년이 되는 1925년은 재세례파 연구사의 전환점이 된다. 이 해에 여러 기념논문집이 출간되었고, 이때를 전후하여 재세례파 연구가 구체화 되었다. 1927년에는 존 홀시(John Horsh)에 의해 메노나이트에 대한 전문연구지인 *Mennonite Quarterly Review*가 창간되어 현재까지 발간되고 있다. 또 그에 의해 Mennonite Historical Library가 설립되었고, 현재 약 25만여 종의 자료가 수집되어 재세례파 전통을 연구하는 중요한 기관이 되었다.

가 거의 없었을 정도였다.

침례교 교회사가인 윌리엄 이스텝William Estep은 "16세기 재세례파처럼 부당한 평가를 받아온 종파는 일찍이 없었고, 이들은 잘못 이해되었기보다는 차라리 무시되어 왔다."라고 했다. 이렇게 볼 때 한국에서 재세례파에 대한 이해가 부족한 것은 당연한 일일 것이다. 1960년대 이래 이들에 대한 새로운 연구와 재평가를 위한 논구가 일고 있지만,2 지난 500여 년간의 무시나 오해 그리고 부당한 평가를 불식하기에는 여전히 미흡하다고 볼 수 있다. 한국에서 재세례파에 대한 연구는 1980년대 이후 시작되었으나 극히 제한적인 연구에 머물고 있다.3

2) 16세기 재세례파에 대한 새로운 연구를 시도한 대표적인 학자들로는 독일의 C. A. Cornelius, 오스트리아의 J. Beck, J. Loserth, 스위스의 Emil Egli, 화란의 S. Cramer, W. J. Kühler 그리고 미국의 Ronald Bainton, Franklin H. Littell, George H. Williams 등과 침례교 학자인 William Estep, 메노나이트(Mennonite) 학자들인 John Horsh, Robert Friedman, Harold S. Bender, John H. Yoder, Walter Klassen 등을 들 수 있다.

3) 한국에서 재세례파를 포함한 급진적 개혁에 대해 연구한 대표적인 학자는 김기현, 서영호, 심창섭, 이상규, 홍지훈, 홍치모, 그리고 침례교의 허긴, 메노나이트 캐나다 한국 선교사인 김복기 등이다. 필자는 "칼빈과 급진주의적 재침례파와의 관계에 관한 연구,"라는 논문을 통해 개혁교회 신학과 재세례파의 경우를 비교하고, 화란의 Willem Balke의 연구 결과를 소개한 바 있다.(「논문집」, 제14집, 고신대학교, 1986, 69-122) 또 "메노나이트교회의 평화주의 전통,"「한국교회사학회지」 44(2016), 207-242 등을 발표한 바 있다. 홍치모는 자신을 비롯하여 강남훈, 김재룡, 김헌수, 심창섭, 안정모, 임희완, 정현백의 재세례파와 관련된 논문을 편집하여 『급진종교개혁사론』(느티나무, 1992)를 출간한바 있는데, 이것이 급진종교개혁에 관한 최초의 단행본이다. 최근 홍지훈은 독일 본 대학교에서 제출했던 자신의 박사학위 청구논문, 『마르틴 루터와 아나뱁티즘』(한들출판사, 2000)을 출간했다. 서양 서적의 한역본으로는

비록 재세례파의 교리나 신학이 개혁교회 전통과는 상당한 차이가 있다할지라도 재세례파의 정신과 이념은 현대적 관점에서 볼 때 국가권력으로부터의 독립, 자유교회 운동,4 비폭력과 평화주의, 양심의 자유 선양, 제자도와 공동체 사상 등 몇 가지 주목할만한 의의를 지니고 있다. 그럼에도 불구하고 한국에서 재세례파와 재세례파의 일파인 메노나이트, 그리고 메노나이트의 한국에서의 구호 활동에 대해서는 거의 알려져 있지 않다. 그래서 이 글에서 종교개혁, 재세례파, 메노나이트에 대해 차례로 소개한 후 메노나이트가 6.25 전쟁기부터 한국에서 시행한 구호 및 교육 활동에 대해 소개하고자 한다.

윌리엄 이스텝(William R. Estep)의 *The Anabaptist Story*가 정수영에 의해 『재침례교도의 역사』(요단출판사, 1985)라는 제목으로 역간되었다. 이상규는 자신의 저서에서 메노나이트교회에 대하여 최초로 독립한 장(章)으로 소개한 바 있다[이상규, 『교회개혁과 부흥운동』(SFC, 2004), 115-132]. 특히 김복기는 루디 배르근(Rudy Baergen)의 『메노나이트이야기 *The Mennonite Story*』(KAP, 2005), 코넬리우스 딕(Cornelius J. Dyck)의 『아나뱁티스트 역사 *An Introduction to Mennonite History*』(대장간, 2013), 월터 클라센(W. Klaassen)의 『아나뱁티즘 *Neither Catholic nor Protestant*』(KAP, 2001) 등 여러 책을 번역하였다.

4) 프랭클린 리텔(Frinklin H. Littell)은 1954년에 행한 '메노 사이먼스 강좌'에서 이들 집단을 '자유교회'(Free Church)라고 불렀다. 그러나 리텔이 '자유교회'(Free Church)라는 용어를 처음 사용한 것은 아니다. 이미 헤롤드 벤더(Harold Bender, 1897-1962)는 이 용어를 사용했고, 콘라드 그레벨 등이 츠빙글리와 결별한 사건을 '자유교회 운동'의 기원으로 보아야 한다고 주장한 바 있다. '자유교회'란 근본적으로 국가권력의 지지와 후원을 받지 않는, 국가권력으로부터 자유한 교회를 의미했고, 기존 교회(established church)로부터 구별된 교회를 의미했다. W. R. Estep, 18 참고. '자유교회'의 개념, 용례, 기원에 대해서는 D. F. Durnbaugh, 『신자들의 교회 *The Believers' Church*』(대장간, 2015), 19-47 참고할 것.

2. 종교개혁의 발생

기원 30년경 예루살렘에서 시작된 예수 그리스도의 교회는 바울을 비롯한 헌신된 사람들에 의해 소아시아와 유럽, 북아프리카로 전파되었고, 기원 49년 이전에 로마제국의 수도인 로마까지 전파되었다. 313년 이전까지 기독교는 극심한 탄압을 받았으나 유럽 전역으로 확산되었고 313년에는 콘스탄티누스 황제에 의해 합법적 종교로 공인公認되었다. 이제 서방에서 기독교 신앙의 이유로 박해받지 않게 된 것이다. 그러다가 380년에는 기독교가 로마제국의 종교'state religion가 되었다. 이후 기독교는 세상과의 타협으로 점차 속화되기 시작하였고 초기 기독교회가 견지해왔던 두 가지 이상을 상실했다. 첫째는 부와 재물 혹은 물질에 대한 소박한 삶의 방식을 포기했다. 4세기 이전의 그리스도인들은 이 땅에서는 순례자들이라는 생각으로 심리적 이민자로 살았으나 4세기 이후 이 세상의 것에 대해 타협하기 시작하면서 이 세상의 물질, 권력, 명예에 대해 집착하기 시작한 것이다. 두 번째는 평화에 대한 이상을 포기했다. 초기 기독교회는 평화주의를 지향했으나 4세기 이후 기독교는 제국의 종교로 제국의 영토확장을 뒷받침해 줄 수밖에 없었기 때문이다. 4세기 이후 기독교는 본래적 기독교로부터 점차 이탈하였고, 590년에는 중세라고 불리는 변화된 시기를 맞게 된다. 그래서 역사가들은 313년 이후의 기독교를 그 이전과 구분하여 '콘스탄티누스적 기독교'Constantinian Christianity라고 부른다.

약 1천 년간 중세기독교는 점차 속화되고 영적으로 쇠락하였다. 교리적으로 변질되었고, 윤리적으로 부패가 만연하였다. 이런 가운데 16세기 독일의 마틴 루터를 시작으로 츠빙글리, 칼빈, 존 낙스 등을 통해 교회개혁운동이 일어나 본래적 기독교 혹은 사도적 기독교를 회복하는 운동이 시작되었다. 약 130[1517-1648]여 년간 지속된 교회개혁운동은 유럽사회와 문화에 커다란 변화를 가져왔고, 결과적으로 루터교회와 개혁교회, 그리고 장로교회와 같은 교파가 생겨 나게 된다.

1) 종교개혁이란 무엇인가?

16세기 종교개혁은 교회만이 아니라 서구 사회와 문화 전반에 커다란 영향을 끼친 중요한 사건이었다. 종교개혁을 간단히 말하면, 본래의 기독교, 혹은 성경의 기독교로 돌아가자는 운동이었다. 우리가 흔히 '종교개혁宗教改革'이라고 말하지만 사실은 '교회개혁教會改革'이었고, 바른 교회, 바른 신학, 바른 생활을 위한 개혁운동이었다. 16세기 당시 교회는 본래적 기독교, 혹은 성경의 기독교로부터 이탈하여 인간중심주의, 인간의 미신, 인간이 이성이 교회와 신학과 삶을 지배하고 있었다. 이런 상황에서 본래적 기독교, 혹은 성경이 가르치는 기독교로 돌아가야 한다는 거대한 개혁운동이 일어났는데 이를 종교개혁이라고 부르게 된 것이다. 서양에서 이를 Die Reformation 혹은 The Reformation으로 표기하지만 일본에서는 이를 '종교개혁'으로 번역하였고, 우리도 이 번역을 따라 '종교개혁'이라고 말해 왔다. 그러나 평양신학교에서 처음으로 교회사를 가르쳤던 호주의 엥겔Gelson Engel 선교사는 '교회 갱정사'敎會更正史라고 불렀는데, 매우 적절한 번역이었다.

'종교개혁'은 1517년 10월 31일, 독일 비텐베르크대학의 마르틴 루터Martin Luther, 1483-1546가 당시 교회가 가르치는 거짓된 구원론에 대해 토론할 것을 제의하면서 95개조의 토론문을 비텐베르크 성城 교회 정문에 게시한 사건으로부터 시작되었다. 어거스틴파 수도사였던 루터는 성경이 가르치는 바른 구원관을 깨닫게 되었고, 당시 교회가 가르치는 성경관, 교회관, 성찬관, 특히 구원관의 오류를 깨닫게 되었다. 그 구체적인 사례가 당시 공개적으로 판매되고 있던 '면죄부'였다. 면죄부를 뜻하는 영어Indulgence는 본래 '탐욕,' '방종'이란 뜻이 있는데, 이를 '면죄부免罪符'로 번역하지만 이것이 죄를 면해주는 것이 아니라 벌을 면해주는 의미이기 때문에 정확하게 번역하면 '사면부赦免符' 혹은 '면벌부免罰符'가 더 정확한 번역이라고 할 수 있을 것이다. 중세교회는 11세기부터 면죄부를 판매한 일이 있는데 16세기에는 로마의 베드로 성당과 시스티나 성당을 건축할 자금을 조달하기 위한 불순한 의도로 면죄부가 판매되고 있었다. 그래서 루터는 면죄부 판매의 부당성을 토론하기 위해 '95개조'의 논제를 게재하게 되었는데 이것이 개혁의 시발점이 되었다.

이때는 구텐베르크 인쇄술이 발명된 지 70여년이 지난 때였다. 인쇄술은 루터의 사상을 전달하는 매체였다. 프랑소와 앙베르는 인쇄술을 "하나님의 준비"라고 불렀고, 루터의 친구였던 프리드리히 미코니우스는 "천사가 심부름꾼인 것 같았다."라고 인쇄술의 영향을 지적했을 정도였다. 루터의 95개조는 일주일이 못 되어 독일 전역으로, 한 달이 못 되어 유럽 전역으로 전파되었다. 곧 루터의 다른 문서들도 인쇄되었는데, 예컨대 독일어로 쓴 『면죄부와 은총에 대한 설교Ein Sermon von Ablass und Gnade』는 1518년 한 해 동안 14쇄, 약 14,000부가 인쇄되었고, 3년 만에 무려 23판까지 출판되었다. 루터의 소책자는 보통 10판, 15판 혹은 20판이 나왔는데, 1524년까지 약 100만부의 소책자가 배포되었다고 한다. 독일 전역에서 개혁의 불길이 타오르던 1520~1530년 배포된 소책자는 630여 편이었는데, 1518~1535년 판매된 독일어책 가운데 3분의 1 이상이 루터의 작품이었다고 한다. 당시 독일 인쇄소 70여 곳 가운데 45개 인쇄소가 루터의 저서를 출판한 것으로 집계된다. 루터의 저서는 유럽으로 전파되면서 이른바 팜플렛 전쟁guerre des pamphlets을 일으켰다. '팜플렛'을 의미하는 독일어 Flugschriften은 '돌아다니는 문서'라는 뜻인데, 1520년에서 1525년 어간에 '돌아다니는 문서'가 홍수를 이루면서 루터의 사상이 확산되었다. 당시 팜플렛은 대게가 8쪽이나 16쪽, 혹은 32쪽 정도의 소책자였고 가격도 저렴한 편이었으므로 대중성이 있었다.

곧 격한 토론이 일어났고 개혁의 불길은 요원의 불길처럼 퍼져갔다. 가장 놀란 이는 다름 아닌 루터 자신이었다. 처음부터 이런 개혁을 의도하지 않았기 때문이다. 루터교 학자로 이른바 루터 르네상스를 이끌었던 카를 홀Karl Holl이나 회중교회 목사인 롤란드 베인톤Roland Bainton 같은 학자는 루터가 아니었더라면 종교개혁은 불가능했을 것이라고 말하지만, 사실은 루터가 아니었다고 하더라도 종교개혁은 불가피했을 것이다. 16세기 당시 개혁의 때는 왔고, 하나님은 루터를 통해 이 일을 이루어가셨다. 이런 점에서 랑케Leopold von Ranke는 자신의, 『종교개혁사』에서 루터의 출현은 시대적 요청이었음으로 "루터는 오지 않으면 안 되었다"Luther musste kommen라고 썼다.

많은 이들이 개혁을 단순히 교리적인 혹은 신학적 개혁운동으로만 생각하는데, 사실은 신학이나 의식儀式, 혹은 제도制度의 개혁만이 아니라 신앙적 삶의 개혁이었고, 이 개혁은 신앙과 교회생활 전반에 영향을 끼쳤다. 이런 점에서 종교개혁은 교리적 개혁Reform이자 영적 부흥Revival이었다. 흔히 종교개혁을 세 가지 라틴어로 말해 왔는데, '오직 성경'Sola Scriptura '오직 믿음'Sola Fide '오직 은혜'Sola Gratia는 로마교가 받아드린 '외경'外經이나 교회의 '전통'tradition을 거부하고 오직 66권의 성경만이 신앙과 생활의 유일한 법칙이며, 우리의 구원은 인간 행위나 공로에 의해서가 아니라 오직 믿음만으로 얻게 된다는 점을 의미한다. 우리의 모든 것은 오직 하나님의 은혜일

뿐 우리의 자랑거리는 아무것도 없다는 의미였다.

종교개혁의 정신을 평이하게 하나님 중심, 성경 중심, 교회 중심이라는 말로 표현하기도 한다. 하나님 중심God-centered이란 말은 하나님이 만물의 창조주이시며 예수 그리스도 안에서 자신을 나타내시고, 성령으로서 주가 되시는 하나님에 대한 믿음을 표현한 말인데, 이를 16세기 상황에서 말한다면 인간이 중심일 수 없다는 점을 의미한다. 직접적으로 말하면 교황이 중심일 수 없다는 점을 의미한다. 교황은 이 땅에서 그리스도의 대리자vicarius Christi로서 무소불위의 권력과 최상의 영예를 누렸고, 전권Plenitudo Potestatis을 행사했다. 중세교회는 인간 중심의 권력 기구였고, 그 절정에 교황이 자리하고 있었다. 이런 상황에서 '하나님 중심'이라는 말은 인간이 중심일 수 없고, 교황이 중심일 수 없다는 점을 가르친다.

성경중심Bible-centered이란 오직 성경만이 신앙과 삶의 유일한 규범이란 점을 강조한다. '오직 성경'sola scriptura이란 말과 동일하다. 성경 외의 그 어떤 것도 신앙의 표준일 수 없고 신학의 원천일 수 없다는 점을 의미한다. 개혁자들에게 가장 중요한 관심은 하나님의 교회였고, 교회건설이었다. 이것이 교회중심Church-centered 사상이다. 신학은 근본적으로 교회를 위한 학문이며, 교회를 섬기는 학문이다. 교회중심이란 말은 바른 교회를 건설하며 교회 중심의 신앙생활을 추구하되 교회에 주어진 사명을 완수하려고 힘써야 한다는 점을 가르치고 있다. 이런 점에서 종교개혁은 다름 아닌 교회개혁이었다.

그런데 흥미로운 사실은 루터는 95개조를 독일의 일반인들이 읽을 수 있는 독일어로 게재한 것이 아니라, 소수의 식자들만이 알 수 있는 라틴어로 게재했다는 점이다. 당시 독일의 문맹율은 90%에 달해 독일어로 게재해도 읽을 수 있는 인구는 제한적일 수밖에 없는데,[5] 루터는 독일어로가 아니라 라틴어로 개재한 것이다. 라틴어는 4세기 이후 교회의 공식적인 언어였지만 독일인 중에 라틴어를 읽을 수 있는 인구는 전체 인구의 0.5%에도 미치지 못하는 죽은 언어死語였다. 루터가 95개조를 라틴어로 개재했다는 것은 루터는 '종교개혁'이라는 거대한 혁신을 의도하지 않았음을 암시한다. 단지 학자들끼리 모여 토론 한번 해보자는 의도였으나 하나님은 이 작은 사건을 계기로 교회를 개혁하고 유럽사회를 변화시키는 거대한 역사를 시작하신 것이다. 우리가 종교개혁을 말할 때, 여러 개혁자들을 말하고 그들이 개혁을 추진하고, 그들이 개혁을 성취한 것으로 말하지만 사실 개혁을 이끌어 가신 이는 하나님이셨다. "사람은 생각하고 하나님은 이끄신다.Der Mensch denkt, Gott lenkt"는 독일 속담 그대로이다. 사람이 의도하고 계획한다 할지라도 그 일을 이루시는 하나님이라는 뜻이다. 종교개혁은 모세의 노래처럼출14:1-18 하나님께서 이끌어 가신 대사였다.

---

5) 로제 샤르티에가 편집한 『책읽기의 역사』(*A History of Reading: In the West*)에서 장 프랑소와 질몽은 "종교개혁과 독서"에서 16세기 당시 유럽사회는 문맹천지였다고 말하면서 1500년 경 독일인구의 3~4% 만이 문자를 알고 있었다는 Rolf Englesing의 주장을 인용한다. 도시 지역의 경우 10% 이상이었다고 말하지만 일반적인 문맹율은 85-90%였다고 알려져 있다.

2) 종교개혁의 전개

앞에서 종교개혁이란 무엇인가에 대해 설명했는데, 그렇다면 종교개혁 혹은 교회개혁 운동은 어떻게 전개되었을까? 우선 그 대강을 소개한 후 국가별로 좀 더 소개하려고 한다. 독일에서는 루터Martin Luther, 1483-1546에 의해 비텐베르크를 거점으로 개혁이 전개되어 1530년에는 아우구스부르크 신앙고백서가 작성되었고 그 신앙에 기초하여 하나의 교파를 형성하게 되는데 그것이 루터파였다. 1546년 루터가 사망한 후에는 후계자 멜란히톤Philip Melanchton, 1497-1560에 의해 개혁이 추진되는데, 이 루터파가 독일을 중심으로 확산되었고, 특히 스칸디나비아 반도로 전파된다. 그 후예들이 미국으로 이주하여 미국에 루터교회가 세워졌고, 미국의 루터교회는 6.25 동란 중에 한국에 선교사를 파송하여 한국에까지 소개된 것이다.

독일에서 루터의 개혁운동이 전개되고 있을 때, 스위스에서는 츠빙글리와 칼빈에 의해 개혁운동이 전개되었다. 츠빙글리U. Zwingli, 1484-1531는 스위스의 독일어 사용지역인 취리히Zürich를 중심으로 개혁을 추진하였다. 그는 종교문제에 대한 세 차례의 토론을 통해 시의회의 인정을 받음으로써 개혁을 단행하게 되지만, 1531년 카펠 Cappel 전투에서 47세의 나이로 전사한다. 그와 함께 개혁에 동참했던 콘라드 그레벨, 펠릭스 만츠 등은 츠빙글리의 개혁에 만족하지 못해 그와 결별하였고 재세례운동을 전개하게 된다. 그런데 츠빙글리가 죽은 후 그 후 개혁운동은 불링거Heinrich Bullinger, 1504-1575 등

후계자들에 의해 계승되었다.

　스위스의 불어 사용 지역인 제네바의 개혁자가 칼빈J. Calvin, 1509-1564이었다. 그는 루터나 츠빙글리에 비해 한 세대 후배였다. 칼빈은 1533년 불란서를 떠난 후 바젤에서 일시 체류하였고, 1536년 7월부터는 제네바에서 개혁운동에 전념하였는데, 1538년 4월부터 1541년 9월까지 3년간 스트라스부르Strassburg에서 보낸 기간을 제외하고는 1564년 하나님의 부름을 받을 때까지 제네바에서 개혁운동을 전개하였다. 교회 연합에 깊은 관심을 가졌던 그의 노력으로 스위스에서 두 갈래로 진행되던 개혁운동은 하나로 연합되어 '개혁파'Reformed라고 하는 하나의 교회를 형성하게 된다. 이렇게 되어 종교개혁은 결과적으로 루터파Lutheran와 개혁파Reformed라는 양대 교파를 형성하게 된다.

　독일과 스위스 외의 여러 지역에서도 개혁운동은 일어났는데, 스코틀랜드의 경우 존 낙스John Knox, c. 1515-1572에 의해 개혁이 추진되어 1560년 장로교회를 조직하였고, 잉글랜드에서는 국왕 헨리 8세Henry VIII, 1491-1547가 자신의 이혼 문제로 교황청과 단절하고 1534년 수장령首長令을 발표함으로 잉글랜드교회the Church of England, 곧 성공회를 형성하게 된다. 말하자면 성공회는 잉글랜드의 로마 가톨릭교회가 교황청과 관계를 단절하고 독립한 교회라고 할 수 있다.

　그런데 스코틀랜드의 존 낙스가 종교개혁을 단행하고 '스코틀랜드 개혁교회'라고 칭하지 않고, '장로교회'Presbyterian Church라고 명명하게 된 것은 무슨 이유일까? 교회에도 교회 정치제도가 있는데, 로마 가톨릭을 '교황제'라고 한다면 성공회의 정치제도는 '감독제'라고 말한다. 교황제나 감독제는 특정한 한 사람이 절대적인 권력을 행사하는 독재 체제라고 할 수 있다. 그런데 낙스는, 스코틀랜드 교회는 잉글랜드의 감독제와는 다른 교회, 곧 장로 제도를 채용하는 교회라는 점을 분명히 드러내기 위해 장로제도의 교회, 곧 '장로교'라고 부르게 된 것이다. '장로교'라고 말할 때 이 말은 그 교회가 지향하는 정치제도를 강조하는 표현임을 알 수 있다. 신학적으로는 유럽의 개혁파, 곧 개혁교회와 동일하지만 장로교 정치제도를 지향한다는 의미에서 장로교회라고 말한 것이다. 그래서 감독제를 지향하는 잉글랜드의 성공회와는 다른 교회임을 분명히 한 것이다. 이상에서 말한 종교개혁의 전개를 지역별로 그리고 주도적 인물을 중심으로 정리하면 다음과 같다.

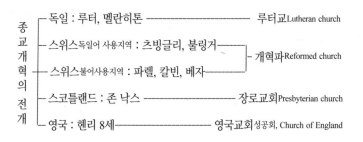

우리가 잘 아는 루터, 츠빙글리, 칼빈 등과 같은 개혁자들 외에도 루터파의 멜란히톤Philipp Melanchthon, 1497-1560, 스트라스부르의 마르틴 부처Martin Bucer, 1491-1551, 취리히의 불링거Johannes H. Bullinger,

1504-1575, 바젤의 외콜람파디우스Johannes Oecolampadius, 1482-1531, 제네바의 기욤 파렐Guillaume Farel, 1489-1565과 데오도 베자Th odore B za, 1519-1605, 그리고 이탈리아 출신인 버미글리Peter Martyr Vermigli, 1499-1562 등 여러 개혁자들이 있었다. 이들의 개혁활동을 통해 오늘의 개신교회가 생성되었다.

개신교를 칭하는 '프로테스탄트'Protestant라는 말이 생겨난 때는 1529년 4월이었다. 1526년 여름에 모였던 제1차 스파이에르 제국의회Diets of Speyer에서 루터를 이단으로 정죄한 보름스 칙령 시행을 유보하고, 종교문제에 대해 제후 및 제국도시의 결정권을 인정함으로써 부분적으로 루터파를 인정하였다. 즉 '그 지역의 종교는 그 지역 통치자의 종교에 따른다'cujus regio, ejus religio는 원칙을 선언하여 루터파를 지지하는 제후가 통치하는 지역에서는 루터파를 인정한 것이다. 그러나 3년 후인 1529년에 모인 제2차 스파이에르 제국의회에서는 이를 번복하려고 하였다. 이때 루터를 지지하는 6명의 복음주의파 영주들과 14개 도시 제후들이 쉬말칼텐 동맹을 결성하여 황제에게 항의서를 제출했는데, 이들을 '항의한 자들'이라고 하여 프로테스탄트Protestant 라고 부르게 된 것이다.

3) 종교개혁과 개혁교회의 형성

일반적으로 종교개혁사는 1517년부터 30년 전쟁으로 불리는 종교전쟁1618-1648이 끝나는 1648년까지로 보는데, 1648년은 근세의 기점으로 간주 되고 있다. 그러나 종교개혁은 이보다 앞서 거의 일 단락되었다고 볼 수 있다. 또 1517년을 종교개혁의 시작으로 보지만 이것은 독일의 경우였고 나라나 지방에 따라 개혁운동이 시작된 시기가 달랐고 개혁의 진전 또한 달랐다.

독일의 경우, 16세기 중반에는 개혁은 널리 확산하였고 이미 개신교회가 로마 가톨릭으로부터 분리되어 있었다. 루터파 교회의 신앙고백서인 아우구스부르그 신앙고백서Confessio Augustana 6가 작성된 때는 1530년이었고, 이때 이미 루터파교회로 출발한 것으로 볼 수 있다. 루터를 비롯하여 칼슈타트Karlstadt, c.1477-1541, 마르틴 부처, 멜란히톤 등 1세대 독일 개혁자들은 16세기 중반 거의 세상을 떠났는데, 이때 독일에는 로마 가톨릭으로 분리된 개신교회가 형성되어 있었기 때문이다. 루터는 교회의 쇄신을 의도했지만, 처음부터 교회의 분리나 교파의 형성을 의도하지는 않았다. 그러나 당시 교회가 이를 거부했기 때문에 개혁운동은 결국 로마교로부터 분리될 수밖에 없었다. 그러나 당연한 일이지만, 독일의 프로테스탄트 교회는 로마 가톨릭 세력으로부터 생존권을 인정받지 못했다. 그러다가 독일의 프로테스탄트가 생존권을 인정받게 된 시기는 역사의 전환점이라고 할 수 있는데, 이때가 아우구스부르크 화의Peace of Augsburg, 1552 7가

---

6) 이 신앙고백서는 1530년 6월 25일 아우구스부르크 제국의회에서 카를 5세에게 제시되었는데, 루터파의 기본적인 신앙고백서라고 할 수 있다. 이 고백서는 종교적 대화, 슈말칼덴(Schmalkanden) 동맹의 기초가 되기도 한다. 필립 샤프는 아우구스부르크 신앙고백서의 작성은 종교개혁사에 있어서 중요한 전기가 된다고 지적했다(*Creeds of Christendom*, vol. I, 187).
7) 황제 카를 5세가 프로테스탄트 제후들에게 패배한 때에 맺는 조약인데, 이

체결된 1555년이었다. 아우구스부르크 화의란 당시 황제 카를 5세가 프로테스탄트 제후들에게 전쟁에서 패배한 때에 맺는 조약인데, 이 종교화의에서, 각 제후는 자기 관할지역에서의 종교선택권cuius regio, eius religio을 인정했다. 만일 그 지역 종교에 반대할 경우 타 지역으로의 이주할 수 있었다. 이때는 독일의 제1세대 개혁자들이 거의 사망한 이후였고, 독일의 프로테스탄트 교회는 영주들의 보호 아래 '루터교회'die evangelischlutherische kirche라는 제도교회로 발전하게 된다. 이렇게 볼 때 1555년은 적어도 독일에서 종교개혁이 일단락된 시기라고 할 수 있다.

이 회의 이후 프로테스탄트측은 앞에서 설명한 바처럼 단일교회 형성에 실패하고 여러 교파로 분열되는 상황으로 발전한다. 이 점을 보여주는 것이 각기 다른 신앙고백의 작성이었다. 그래서 아우구스부르크화의 이후를 '신앙고백주의' 시대라고 부르게 된다.

스위스에서는 츠빙글리와 칼빈을 중심으로 하는 두 갈래의 개혁운동이 전개되지만 연합하여 하나의 교회 곧 개혁파교회를 형성하게 된다는 점은 앞에서 설명하였다. 물론 츠빙글리와 견해를 달리하는 재세례론자들이 있었는데 이들은 후에 아나뱁티스트, 곧 재세례파로 불리게 된다. 그런데 잉글랜드에서의 경우, 헨리 8세1509-1547, 에드워드 6세1547-1553, 귀즈가의 메리1553-1558를 이어 엘리자베스 1세1558-1603가 1558년 왕위를 계승하여 로마 가톨릭이나 프로테스탄

종교회의에서 각 제후의 자기 관할 지역에서의 종교선택권(cuius regio, eius religio)을 인정했고, 해당 지역 종교에 반대하는 이들은 타 지역으로의 이주를 허락했다.

트가 아닌 '중도정책'via media을 지향하여 영국교회Church of England가 확고하게 정착하게 된다. 영국교회 신앙고백서는 엘리자베스 치하에서 작성된 '39개조' 인데 현재까지 사용되고 있다.

스코틀랜드에서는 낙스를 중심으로 1560년 개혁을 단행하고 장로교회로 출발하였고, 1567년에는 국가교회의 지위Church of Scotland를 획득하였다. 프랑스에 소개된 개혁교회는 비록 국가의 인정을 받지 못해 탄압받는 교회였으나, 1555년에는 첫 프로테스탄트 교회가, 1559년 5월에는 파리에서 개혁교회 첫 총회가 개최되어 프랑스개혁교회The French Reformed Church가 조직되었다.

화란에 소개된 개혁교회 또한 박해를 받았으나 1566년 안트웹Antwerp 혹은 1568년 베젤Wezel에서 칼빈주의 교회 총회노회가 개최되었다.

이렇게 볼 때 1517년 시작된 종교개혁은 1550-1560년대 프로테스탄트 교회로서 인정을 받았고, 개혁은 일단락되었다고 볼 수 있다. 이러한 상황에서 유럽에는 하나의 보편교회로서의 로마 가톨릭만이 아니라 프로테스탄트 교회가 형성되었고, 프로테스탄트 진영에도 루터파와 개혁파, 혹은 장로파, 그리고 성공회가 공존하게 된다. 또 이들 개혁과는 다른 급진적 개혁자들에 의한 재세례파가 있었다. 이런 상황에서 자신이 믿는 신앙고백에 따라 성경과 역사를 해석하는 고백주의 시대가 시작된 것이다.

종교개혁은 기본적으로 '교회의 개혁'이었고, 이 개혁운동은 프로테스탄트 교회를 형성하였을 뿐만 아니라 중세에서 근세로 이행되는 과정에서 유럽의 정치 사회 경제 문화 전반에 커다란 영향을 끼쳤다.[8] 즉 사회 구조의 변화, 경제구조와 자본주의의 발달[9], 정치제도의 혁신, 민주의식의 함양과 더불어 일과 직업, 결혼과 가정[10]에 대한 새로운 인식을 심어주었고, 자연과학의 발달[11]에도 영향을 끼쳤다.

---

8) 종교개혁이 사회변화에 영향을 주었다는 점은 독일의 랑케(Leopold von Ranke)가 종교개혁기를 학술적으로 연구한 첫 저술 *Deutsche Geschichte im Zeitalter der Reformation*(종교개혁 시대의 독일사) 이후 광범위한 지지를 받았고, 이 점에 대한 최근의 대표하는 저술은 Steven Ozment, *Protestants: A Birth of a Revolution*(NY: Doubleday, 1993)이라고 할 수 있다.

9) 이 점에 대한 대표적인 연구는 André Biéler, *The Social Humanism of Calvin* (Atlanta: John Knox Press, 1980)인데, 두 가지 역본이 있다. 홍치모 역, 『칼빈의 경제윤리』(성광문화사, 1985)와 박성원 역 『칼빈의 사회적 휴머니즘』(대한기독교서회, 2003)이 그것이다. 또 칼빈의 종교개혁이 사회구조와 경제활동 전반에 끼친 영향에 대한 연구로는 Fred Graham, *The Constructive Revolutionary John Calvin* (Atlanta: John Knox Press, 1971)이 있는데, 김영배에 의해 『건설적인 혁명가 칼빈』 (생명의말씀사, 1986)이란 제목으로 출판되었다.

10) Steven Ozment, *When Fathers Ruled: Family Life in Reformation Europe* (Mass: Cambridge, 1983).

11) Steven Ozment, *The Age of Reform: An Intellectual and Religious History of Late Medieval and Reformation Europe* (New Haven: Yale University Press, 1980)와 R. 호이까스, 『종교개혁과 과학혁명』(솔로몬, 1992)을 보라.

3. 재세례파의 개혁운동

종교개혁이라고 말할 때 우리는 루터나 츠빙글리 혹은 칼빈 등을 생각하지만 이들과는 다른 개혁자들이 있었다. 대표적인 경우가 스위스 취리히에서 시작된 재세례파인 '스위스 형제단'이었다. 재세례파는 스위스와 남부 독일, 화란 등 여러지역에서 산발적으로 일어났는데, 이들이 유아세례를 거부했다는 점에서 공통점을 지니고 있다. 이들의 사상을 아나뱁티즘이라고 할 수 있다.

미국 하버드대학 신학부 교수였던 조지 윌리암스 George H. Williams는 16세기 종교개혁 운동을 크게 두 유형으로 구분했다. 첫째는 루터, 츠빙글리, 칼빈 등에 의해 이루어진 온건한 개혁인데, 이 개혁운동을 '행정적 개혁' 혹은 '관료적 개혁'Magisterial Reformation이라고 불렀다. 이들은 종교개혁운동의 주류로 이해되어 왔는데, 윌리암스는 이들을 '고전적 개혁'Classical Reformation이라고 불렀다. 이들은 콘스탄티누스황제 이후 형성된 국가교회, 곧 제도화된 교회established church 안에서 관헌국가 혹은 정부의 지원이나 보호를 배제하지 않았다는 점에서 '매지스티어리얼'magisterial이라는 형용사로 개혁운동의 성격을 규정하였다.

둘째는, 온건한 개혁과는 달리 다소 과격하거나 급진적이었던 여러 형태의 재세례파Anabaptists, 신령파Spiritualists 그리고 복음주의적 합리론자들Evangelical Rationalists을 통칭하여 '급진적 개혁'Radical Reformation이라고 불렀다.[12] 이들은 유럽의 오랜 국가교회國家敎會 전통을 거부하고 콘스탄틴 이전의 고대교회로의 '복귀'를 근간으로 하여 철저한 개혁을 주장했다는 점에서 '급진적'radical 혹은 근원적 개혁운동으로 분류하였다. 윌리암스의 이러한 분류방식은 그 이후의 교회개혁사 연구에 큰 영향을 끼쳤다.

교회개혁운동사에 있어서 이 양자를 구별하는 윌리암스의 표준은 일차적으로 개혁자들의 교회론, 혹은 교회와 국가와의 관계에 대한 견해였다. 다시 말하면 로마 가톨릭에 반대하여 개혁운동을 전개해 가는 과정에 있어서 국가나 정부 등 세속 권력과 어떤 관계를 유지해 왔느냐에 따라 분류한 것이다. 즉 전자는 제도화된 교회 안에서 세속 권력과의 제휴 혹은 지원을 얻으며 교회를 시민사회와 일치시키는 경향이 있었던 반면에, 후자는 서구의 오랜 국가교회 전통을 거부하고 콘스탄틴 이전의 교회에로의 복귀를 근간으로 했다.

이들은 교회를 국가나 세속 사회로부터 완전히 분리해야 한다고

---

1 2) George H. Williams, Introduction to Part I of Spiritual and Anabaptist Writers: *Documents Illustrative of the Radical Reformation*, vol. XXV in *The Library of Christian Classics*(Philadelphia, 1957), 19-38; "Studies in the Reformation: a bibliographical survey," *Church History*, 27(1958), 46ff.; *Introduction to The Radical Reformation* (Philadelphia, 1962), xxiii-xxxi; Robert M. Kingdom, "Peter Martyr Vermigli and the Mark of the True Church," *Continuity and Discontinuity in Church History*, eds. F. Forester Church and Timothy George (Leiden: E. J. Brill, 1979), 199.

주장하여 트뢸치 등에 의해 '종파주의자들'sectrians이라고 불리기도 했다.13 루터나 츠빙글리, 칼빈 등의 주된 이념이 '개혁'reformatio이라고 한다면, 재세례파나 신령파 혹은 합리주의자 등 급진적 개혁자들의 주된 이념은 국가교회 형태 이전으로 돌아가는 '복귀'restitutio였다.14

1) 재세례와 재세례파

그렇다면 재세례, 그리고 재세례파란 무엇인가? 재세례파Anabaptist, Wiedert ufer란 16세기 교회개혁 과정에서 보다 철저한 개혁을 추진하되 주류의 개혁자들과는 달리 국가교회 체제를 부정하고, 국가교회제도 하에서 강제되었던 유아세례를 반대하고 성인이 된 후 자신의 신앙고백 후에 받는 세례, 곧 '신자들의 세례'believers' baptism를 주창했던 집단에 대한 총칭이다. '신자들의 세례'라는 말은 당연한 말로 생각되겠지만, 이들이 말하는 '신자들의 세례'란 성인이 된 후 자신의 신앙을 고백한 후 받는 세례를 의미한다. 즉 이들은 유아세례는 성경적 근거가 없다고 보아 유아세례를 반대한 것이다. 따라서 유아세례를 받았다고 하더라도 성인이 된 후 자신의 신앙에 근거하여 다시 세례를 받아야 한다고 보았기 때문에 재세례주의자들 혹은

---

1 3) Ernst Troeltsch, *Die Soziallehren der christlichen Kirchen und Giruppen* (1912), 427ff. 홍치모, 『서구문예부흥과 종교개혁』(성광문화사, 1984), 240.

1 4) George H. Williams, *The Radical Reformation* (Philadelphia: The Westmister Press, 1962), xxvi.

재세례파라고 불리게 된 것이다.

재세례파를 칭하는 아나뱁티스트Anabaptist라는 말은 희랍어 '아나 밥티스모스' 곧 '다시 세례받는 자'라는 의미에서 온 말이다. 앞에서 말했지만 이들이 유아세례를 반대한 것은 국가교회로부터의 분리가 가져온 논리적 귀결이었다. 유아세례를 받으므로 자동적으로 속했던 국가교회 제도에서 떠나 재세례를 받은 이들을 구별하여 별도의 교회를 구성하고자 했다.

재세례파의 개혁 이념이나 교회관, 국가관, 세례관 등은 루터파나 개혁파들과는 달랐다. 따라서 이들 재세례파는 당시 국가권력으로부터 만이 아니라, 프로테스탄트와 로마 가톨릭 양측으로부터도 탄압을 받았다. 국가권력으로부터는 무정부적인 반란집단으로, 당시 교회로부터는 이단적인 종파운동으로 취급되었다. 특히 칼빈은 재세례파를 천주교와 동일하게 이단적 집단으로 간주하고 이들의 교리를 비판하였다. 칼빈은 『기독교 강요』에서 한편으로는 로마 가톨릭을, 다른 한편으로는 재세례파를 비판했다.

재세례파는 다양한 이름으로 불려왔다. 루터교 학자인 베인톤 Roland H. Bainton은 이들을 '좌경종교개혁'left-wing Reformation이라고 했다.[15] 그는 교황주의자들과 재세례파를 양극단에 두고 좌, 우경으

---

1 5) 베인톤은 로마가톨릭을 우익(right wing), 루터를 중간(the center)으로 재세례파 그룹을 좌익이라 불렀는데, 재세례파의 특징으로, 강력한 윤리적 관심, 초대교회 모형으로 돌아가려는 원시주의(primitivism), 종말론에 대한 강조, 비지성주의, 국가와 교회의 완전한 분리를 들었다. Bainton, "The Left Wing of the Reformation," *Studies in the Reformation* (Boston: Beacon Press, 1963), 119ff.

로 구분했던 루터의 입장을 따랐다고 볼 수 있다. 단지 루터는 교황주의자들을 좌경으로, 재세례파를 우경으로 보았으나, 베인톤은 양자를 반대로 규정했을 따름이다.16 프랭클린 리텔Frinklin H. Littell은 1954년에 행한 '메노사이먼스 강좌'에서 이들 집단을 '자유교회'Free Church 17 집단으로 불렀다. 그는 중세의 교구제도나 루터파의 지역제도, 곧 "어떤 지역의 종교는 그 지역 통치자의 종교로"cujus regio, ejus religio하는 영방교회나, 국가교회적 방식과는 달리 문화적, 정치적 혹은 사회적 집단으로부터 완전히 자유 한 개인의 자발적 선택에 의해 구성되는 교회라는 점에서 이렇게 불렀다. 리텔은 이런 자유교회의 특징으로, 자발주의voluntaryism, 종교적 자유, 악에 대한 영적 싸움, 선교적 관심, 제자도, 공동체의식을 제시했다.18 근년에 와서 도날드 던바Donald F. Durnbaugh는 막스 웨버Max Weber가 처음 사용한 '신자들의 교회'Believers' church라는 용어를 사용했는데, 이것은 재세례파의 교회관이나 세례관을 반영한 표현으로서, 이들은 유아세례를 거부

---

1 6) 티모디 조지, 『개혁자들의 신학』(요단출판사, 1994), 307.

1 7) 리텔이 '자유교회'(Free Church)라는 용어를 처음 사용한 것은 아니다. 이미 헤롤드 벤더(Harold Bender, 1897-1962)는 이 용어를 사용했고, 콘라드 그레벨 등이 츠빙글리와 결별한 사건을 '자유교회 운동'의 기원으로 보아야 한다고 주장한 바 있다.(W. R. Estep, 18 참고.) '자유교회' 라는 용어는 리텔 외에도 스웨덴 학자 구나 웨스틴(Gunnar Westin)에 의해서도 거의 동시적으로 사용되었다. Gunnar Westin, *The Free Church Through the Age*, Virgin A. Olson, trans., (Nashville: Broadman Press, 1954) 참고. '자유교회'의 개념, 용례, 기원에 대해서는 D. F. Durnbaugh, 『신자들의 교회 *The Believers' Church*』(대장간, 2015),19-47 참고할 것.

1 8) Franklin H. Littell, *The Free Church* (Boston: Starr King Press, 1957) 참고. Wilbert R. Shenk, *Anabaptism and Mission* (Herald Press, 1984), 24.

하고 성인이 된 후 세례를 받음으로서 구성되는 교회를 말한다는 점에서 이렇게 불렀다. 그는 '신자들의 교회'의 특징은 예수 그리스도의 길을 따라가는 제자들의 언약공동체라고 보았다.[19] 막스 베버는 재세례파와 퀘이커의 교회를 '신자들의 교회'라고 했는데, 이들은 의로운 자와 불의한 자를 함께 포함하는 개혁교회의 가견적 교회관을 반대하고, 오직 거듭난 신자들만의 공동체를 추구한다는 점에서 이렇게 불렀다.[20]

2) 재세례파의 기원과 유형

재세례파의 기원에 대해서는 상당한 논란이 있었다. 그동안 존 홀시는 재세례파는 1525년 스위스 형제단Swiss Brethren에서 시작된 것으로 보아 단일기원설monogenesis을 주장했으나, 여러 지역에서 거의 동시적으로 기원한 것으로 보는 복수기원설polygenesis이 주류를 이루고 있다. 이미 클라센Claus-Peter Clasen은 여섯 부류의 주된 재세례파가 거의 동시적으로 시작되었다고 주장한 바 있고, 제임스 스테이어James M. Stayer 등은 1975년 "단일기원설에서 복수기원설에로"-From Monogenesis to Polygenesis라는 논문에서 재세례파의 복수기원설을 주창했는데, 이 입장이 광범위하게 인정받고 있다. 다시 말하면 재

---

19) Donald F. Durnbaugh, 『신자들의 교회 *The Believers' Church*』(대장간, 2015)(NY: Macmillan, 1968), 48.

20) Max Weber, *The Protestant Ethics and the Spirit of Capitalism*, trans., T. Parsons (NY: Charles Scribner's Sons, 1958), 144-45.

세례파 운동은 한 지역에서 일어난 개혁운동이 아니라, 스위스, 독일, 모라비아, 화란 등지에서 산발적으로 일어난 복수운동이었다는 점이다.

재세례파 운동은 몇 가지 유형 혹은 분파로 나눌 수 있다. 예컨대, 종교개혁자인 하인리히 불링거는 16개 집단으로 보았고,[21] 독일의 역사가 에르카두스M. Christoff Erhardus는 그 분파를 40가지로 산정한 일이 있다.[22] 그러나 화란 암스테르담대학교의 발크Willem Balke는 재세례파를 7개 분파로 분류하였다.[23] 그런가 하면, 조지 윌리암스는 3가지 유형으로 구분했다.[24] 필자는 오웬 차드윅Owen Chadwick

---

21) Heinrich Bullinger, *Der Widertoufferen Ursprung* (Zurich), 1561.

22) M. C. Erhardus, *Wahrhaftige Historia von den Muensterischen Bruedern und Widdertauffern*, 1589.

23) Willem Balke는 재침례파를 7개 분파로 분류하는데, a. 토마스 뮌쩌와 쯔비카우의 예언자들(Thomas Müntzer and the prophets of Zwickau), b. 스위스 형제단(The Swiss Brethren), c. 모라비아 공동체, 곧 후터파(Moravian Communities, Hutterites), d. 멜키오르파(The Melchiorites), e. 뮌스터의 재침례파(The Münster Anabaptists), f. 메노나이트파(the Mennonites), g. 데이비드 조리스파(The group surrounding David Joris)가 그것이다(W. Balke, *Calvin and Anabaptists Radicals*, Grand Rapids: Eerdmans, 1981, 2-3 참고).

24) G. H. Williams는 재세례파를 3분파로 분류한다.
a. 혁명적 재세례파(Revolutionary Anabaptist: Melchior Hoffmann), b. 정숙 재세례파(Contemplative Anabaptist: John Denck), c. 복음적 재세례파(Evangelical Anabaptist: Conrad Grebel, Menno Simons 등)가 그것이다. 흥미로운 점은 Williams는 Thorms Müntzer를 재세례파가 아니라 신령파로 분류하고 있는데, 매우 타당하다고 본다. 또 H. Fast는 그의 *Der linke Flügel der Reformation* 서론에서 Thomas Müntzer와 그의 추종자들뿐만 아니라 Melchior Hoffman과 뮌스터의 재세례파까지도 순수한 재세례파 공동체에 포함시키지 않고 도리어 저들을

의 분류를 따라[25] 다음의 4가지로 구분하는 것이 합당하다고 생각된다.

첫째, 츠빙글리의 개혁 당시의 콘라드 그레벨Conrad Grebell, 펠릭스 만쯔Felix Manz를 중심으로 시작된 '스위스 형제단,'

둘째, 발타샤르 후브마이어Balthasar Hübmaiar와 한스 뎅크Hamns Denk, 그리고 필그림 마르펙Pilgrin Marpeck을 중심으로 시작된 남부 독일에서의 재세례 운동,

셋째, 보헤미아 지방 모라비아의 후터라이트 공동체,

넷째, 화란과 북부 독일에서의 메노나이트Mennonite 등이 그것이다.

물론 이들 간에는 일치점과 상이점이 있고 거의 유사한 시기에 여러 지역에서 일어났지만, 스위스 취리히에서 일어난 '스위스 형제단'이 재세례파의 연원이라고 볼 수 있다. 그렇다면 스위스 형제단은 어떻게 시작되었을까?

3) 스위스 형제단

스위스의 독일어 사용지역인 취리히에서는 츠빙글리의 지도하에서 1523년 1월 29일 제1차 공개토론회가 개최되면서 교회개혁을 위

'열광주의자들'(Fanatics)로 취급하고 있다(Balke, 2, note II).
25) O. Chadwick, *The Reformation* (Grand Rapids: Eerdmans, 1965), 191.

한 노력이 구체화 되고 있었다. 1523년 10월의 제2차 토론, 1524년 1월의 제3차 토론이 있은 후 개혁은 크게 진전되고 있었다. 취리히에서 개혁이 진행되는 동안 츠빙글리와 함께 이 개혁운동에 참여하는 일단의 무리들이 있었다. 그중의 한사람이 콘라드 그레벨 Conrad Grebel, 1448-1526이었다. 이때가 1521년 11월이었다. 콘라드 그레벨 외에도, 펠릭스 만쯔Felix Manz, 안드류 카스텔베르거Andrew Castelberger 등이 있었다. 이들은 서로를 '형제'라고 불렀고 이들은 곧 '형제단'으로 불렸다. 이것이 '스위스 형제단'Swiss Brethren의 시작이었으며 재세례파 운동의 역사적 연원이 된다. 이들의 개혁 의지는 불과 3년이 못 되어 츠빙글리를 능가하였고 따라서 츠빙글리의 개혁운동에 만족하지 못했다. 스위스 형제단은 츠빙글리의 개혁이 너무 보수적이었고 지나치게 점진적이라고 생각했다.

특히 1523년 10월에 있었던 제2차 토론 때부터 그레벨 등 스위스 형제단과 츠빙글리 사이에는 견해차가 나타나기 시작하였다. 그 견해차란 교회의 본질 및 유아세례 문제에 대한 이견이었다. 미사 및 성상들에 있어서도 점진적인 개혁을 주장하는 츠빙글리나 시의회와는 달리 스위스 형제단은 철저하고도 즉각적인 개혁을 주장하였다. 츠빙글리는 하나님과 성경에 대한 복종을 강조했으나, 급진적인 인물들은 하나님의 영Spirit of God이 모든 문제를 결정한다고 말하고, 개개인 스스로 성경을 해석할 수 있다고 주장하였다. 바로 여기서 재세례파에서 개인주의individualism 성격을 읽을 수 있다. 여기서부터 츠빙글리와 스위스 형제단 사이의 분열 조짐이 드러났다.

그해 12월 29일 츠빙글리는 시의회의 점진적이고 타협적인 개혁을 지지했는데 스위스 형제단은 츠빙글리가 시 당국의 정치적 권위를 옹호하기 위하여 진리를 유보하고 타협하는 것으로 보았다. 이것은 결국 츠빙글리와 스위스 형제단의 결별을 가져왔다. 2차 토론 이후 스위스 형제단은 오직 '신자들의 세례'를 주장하며 중생된 자들로 구성되는 참 교회의 이상을 추구했다. 블랭케Fritz Blanke에 의하면 콘라드 그레벨과 그 무리들은 이미 1524년에 신약성경을 기초로 하여 세례는 회개가 전제되어야 하고, 회개하지 않는 사람에게 세례를 베풀어서는 안 된다는 확신에 이르렀다는 점이 확인되었다고 말한다.

유아세례 문제 있어서 츠빙글리는 처음에는 성경에서 유아세례에 대한 직접적인 언급을 찾지 못했고 스위스 형제단의 주장에 일리가 있다고 생각했다. 그러나 그는 다시 구약과 신약을 통해 언약의 개념을 탐구하면서, 구약과 신약을 통합하는 하나님과의 언약에서 유아들도 포함된다는 확신에 이르렀고, 구약의 아브라함과 맺은 언약에서 신앙의 표식이 유아들에게도 주어졌음을 발견했다. 그래서 그는 언약에 기초한 유아세례, 곧 '언약적 세례'covenantal baptism를 통해 유아세례를 정당화했다. 그러나 스위스 형제단은 이런 견해를 받아들이기 어려운 사변적 논리라고 여겼다. 츠빙글리와 스위스 형제단 사이에 견해차가 드러나게 되자 츠빙글리는 일련의 사적인 출판물을 통해 형제단을 설복시키려 했으나 성공적이지 못했다. 이때 취리히 시의회는 츠빙글리의 견해를 지지하고, 스위스 형제단의 재세례 요구는 법질서를 교란시키는 행위로 보아 법적 조치를 강구하게 된다.

이런 과정에서 1525년 1월 10일에서 17일까지 취리히 시의회는 '신자들의 세례' 문제 때문에 공개 토론회를 개최했다. 츠빙글리는 유아세례를 강조하고 이를 시행했는데, 그 근거는 구약의 할례를 통한 부모의 언약을 기초로 한 것이었다. 그러나 그레벨, 만쯔, 로이블린Reublin, 블라우락Blaurock 등 스위스 형제단은 유아세례는 성경적 근거가 없으며, 구약의 8일 만에 행하는 수동적인 할례를 유아세례와 동일시 할 수 없다고 보아 츠빙글리와 불링거에 대항하여 유아세례를 반대하였다. 이 토론의 결과와 관계없이 시의회는 1월 18일 츠빙글리의 승리를 선언하고 유아세례의 시행을 명하면서 재세례를 엄격히 금지하였다. 또 시의회는 모든 급진적인 지도자들은 취리히를 떠나도록 명했다. 그리고 아직 유아세례를 받지 않는 유아들은 8일 이내에 세례를 받도록 요구했다. 이로부터 사흘 뒤인 1월 21일에는 로이블린, 해쩌Haetzer, 볼티John Botli, 카스텔베르거 등을 추방하고 그레벨과 만쯔에게는 어떤 학교나 모임에 참석하거나 가르치는 것을 금지시켰다.

바로 그날, 즉 1525년 1월 21일 저녁, 그레벨과 만쯔, 스탬프Simon Stumpf 등을 비롯하여 10여 명의 스위스 형제단은 취리히 시의 노이스탓트Neustadt 거리에 있는 펠릭스 만쯔 집에서 은밀하게 모였다. 이 집회가 스위스에서 기원한 아나벱티스트 운동의 시작으로 간주되고 있다. 이들은 취리히 시의회의 결정이 하나님의 말씀을 반反하는 속

권의 발동으로 확신하고 이날 콘라드 그레벨은 게오르게George of the House of Jacob에게 처음으로 세례를 베풀었다. 재세례를 베푼 것이다. 그레벨이 직접 재세례를 베푼 후 블라우락은 그곳에 있던 다른 사람에게도 재세례를 베풀었다. 그러나 스위스 형제단은 이를 재세례라고 여기지 않았다. 유아세례 자체를 진정한 세례로 보지 않았기 때문이다. 이들에게 있어서 유아세례는 영적인 거룩을 가장한 거짓 의식이었다. 오직 '신자들의 세례'만이 참된 세례라고 본 것이다. 이렇게 하여 스위스 형제단으로부터 소위 재세례파가 공식적으로 출현한 것이다. 이것이 스위스에서의 아나뱁티스트운동의 공식적인 시작이었고 이때를 기준으로 2025년을 '아나뱁티즘 500주년'이라고 말하게 된 것이다.

츠빙글리는 이런 사태의 발전을 보고 크게 놀라고 당황하여 재세례파를 비난하는 결렬한 설교를 시작하였다. 저들의 유아 세례관과 세속정부에 대한 견해도 온당치 않는 것으로 보았기 때문이다. 츠빙글리의 작품 중 유아세례와 관련된 논설이 많은 이유는 바로 이 스위스 형제단과의 대결 때문이었다. 스위스 형제단이 유아세례를 반대하고 성인 세례만을 유일하고도 참된 세례라고 주장하여 재세례를 베푼 것은 로마 가톨릭뿐만 아니라 루터파와 츠빙글리파와의 결별을 상징하는 분명한 시작이었다.

국가교회로부터의 이탈은 반역죄에 해당했다. 곧 재세례교도들에 대한 박해가 시작되었다. 재세례를 주장하는 것 자체가 유죄였다. 1525년 1월 18일 취리히 시의회는 재세례를 금지시키는 명령을 공표하였다. 그러나 실효를 거두지 못하자, 2월 1일 새로운 검거령이 발령되었다. 법적인 제재 조치에도 불구하고 재세례를 막을 수 없었고, 심각한 탄압에도 불구하고 재세례운동은 각지로 확산되어 갔다. 이들은 투옥되어 고문을 당하고 종래에는 불길에 던져지거나 싸늘한 시체로 자신의 믿음을 증거했다. 자신이 믿는 신앙 때문에 죽임을 당한 첫 순교자는 에벨리 볼트Eberli Bolt로 알려져 있다. 그는 1525년 5월 29일 로마교 당국에 의해 스위스의 슈비츠Schwyz에서 화형을 당했다. 이 사건은 고난의 시작이었고 수많은 이들이 볼트의 뒤를 따라갔다. 우리는 순교자의 수가 얼마나 되는지 알지 못한다. 초기 지도자들도 대부분 순교의 길을 갔다.

심각한 탄압에도 불구하고 재세례운동은 각지로 확산되었다. 재세례파는 비폭력과 평화문제와 관련하여 크게 두 집단으로 구분될 수 있다. 첫째는 비폭력적이고 무저항적이고 평화주의적인 분파이고, 다른 한 부류는 폭력을 용인하는 집단이었다. 전자의 경우가 절대다수였고, 폭력적인 재세례파 집단은 곧 궤멸되었다. 1535년 이후는 평화를 옹호하는 집단이 남았는데, 그 대표적인 집단이 메노나이트Mennonite였다.

4) 재세례파의 지도자들

재세례파의 초기 지도자 중 대표적인 인물은 콘라드 그레벨, 펠

릭스 만쯔, 게오르게 블라우록, 발타자르 후브마이어 등인데, 이들
에 대해 간략하게 소개하고자 한다.

콘라드 그레벨

스위스 형제단의 중심인물이 콘라드 그레벨Conrad Grebel, 1498-1526
인데,[26] 그는 츠빙글리보다 14살 아래였으나 츠빙글리의 가까운 동
료였다. 아나뱁티스트 지도자로서 그의 사역 기간은 1년 8개월 정
도에 불과했으나 그의 기여와 역할은 과소평가 될 수 없다. 그레벨
은 1498년 그로닝겐Grüningen의 행정담당관으로 있다가 후에 취리히
시의회 의원이 되었던 야콥 그레벨의 아들로 태어났다. 그는 그로스
뮌스터Grossmünster, 바젤, 비엔나 대학에서 수학하였고 또 파리대학
1518. 9 - 1520. 6에서도 공부했다.

그는 1517년 츠빙글리를 만나 히브리어와 헬라어를 배웠고, 그를
통해 1522년 7월 이전에 로마 가톨릭에서 개종하였다. 이때부터 교
회개혁의 열정에 사로잡히게 된다. 그러나 1523년부터 츠빙글리와
견해를 달리하였고, 그를 중심으로 '스위스 형제단'이라고 알려진 모
임이 시작되었다. 그는 건강의 악화에도 불구하고 재세례를 베풀었
고 성례를 집행하였다. 1525년 4월부터 6월 사이에는 투옥을 피해
은거하였다. 1522년 결혼한 그의 아내는 1524년 가을 아들을 출산
했으나 그레벨은 아들에게 유아세례를 거부했다. 은거해 있던 그는

---

2 6) 콘라드 그레벨에 관한 전기적 기록으로는, H. S. Bender, *Conrad Grebel*
(Goshen: The Mennonite Historical Society, 1950), John L. Ruth, *Conrad
Grebell, Son of Zurich* (Scottdale: Herald Press, 1975)등이 있다.

곧 그로닝겐Grüningen으로 옮겨갔으나 그해 10월 8일 체포되었다. 그리고 그로부터 3주일 후에 체포된 펠릭스 만쯔와 더불어 1525년 11월 18일 무기형을 선고받았다. 그가 구속된 지 5개월 후에 감옥에서 쓴 원고를 출판토록 요청한 것이 문제가 되어 1526년 3월 5, 6일 제2차 재판을 받고 종신형이 선고되었다. 그로부터 14일 후 어떤 사람의 호의로 다른 수감자들과 함께 탈옥했으나 건강이 좋지 못한 그는 1526년 여름 당시 유행하던 페스트로 사망하였다. 그의 여러 편의 편지와 설교문, 그리고 또 한편의 소품pamphlet이 남아 있다.

펠릭스 만쯔

펠릭스 만쯔Felix Manz, 1498-1527 27는 그레벨과 더불어 초기 재세례파 운동의 지도적 인물로써 프로테스탄트에 의해 순교 당한 최초의 재세례파이자, 취리히에서 순교당한 최초의 재세례파 신자였다.28 1498년경 취리히에서 출생한 만쯔는 에라스무스, 레오 쥬드Leo Zud 그리고 하인리히 불링거H. Bullinger와 마찬가지로 가톨릭 신부의 사생아였다. 그는 어려서부터 특권 계층의 자녀들에게 부여된 교육적인 혜택을 받았고 그 결과 그는 헬라어, 히브리어, 라틴어에 능통하였다. 1522년경에는 츠빙글리가 주도하는 신약 연구 모임에 참여함으로서 로마 가톨릭의 사슬에서 떠났고, 그레벨과 블라우락과 함께

---

2 7) 펠릭스 만즈에 관한 대표적인 고전적인 전기로는 Ekkehard Krajewski, *Leben und Sterben des Züricher Täuferführers, Felix Mantz* (Kassel: J. G. Oncken Verlag, 1958)가 있다.

2 8) W. Estep, 30.

재세례파 운동의 중심인물이 되었다. 그도 유아세례를 거부하고 재세례를 베풀었다는 이유로 투옥되었다. 사형선고를 받은 그는 1527년 1월 5일 토요일 손발이 묶인채 취리히 남부의 리마트Limmat 강에서 익사형에 처해졌고, 그의 재산은 시의회에 의해 몰수되었다.

만쯔는 자신의 믿음에 대한 간증문과 18편의 찬송시를 남겨놓았다. 또 익사 당하기 2년 전 취리히 법정에 제출한 「항의와 변호」 *Protestation und Schutzschrift*라는 문서는 자신의 신앙과 신학을 보여줄 뿐만 아니라 재세례교도들의 주장을 변호한 작품이었다.

게오르게 블라우락

게오르게 블라우락George Blaurock, 1491-1529은 그레벨이 병사하고, 만쯔가 순교 당한 후 그 뒤를 이어 약 2년 6개월 동안 재세례운동의 지도자로 활동했다. 1491년 보나두츠Bonaduz에서 태어난 그는 라이프찌히대학에서 수학하였고, 로마 가톨릭의 사제가 되었다. 1516년에서 1518년 어간에는 추르Chur 교구에서 트린스Trins의 대리신부 Vicar로 일했다. 1524년 이전에 개신교 신앙을 접한 그는 츠빙글리의 개혁방식에는 동의하지 않았다. 츠빙글리보다 더 철저한 개혁자들이 있다는 소문을 들은 그는 스위스 형제단의 일원이 되었다. 1525년 2월 7일 블라우락은 만쯔와 재세례를 받은 24명의 다른 사람들과 함께 체포되어 취리히에 있는 아우구스티누스파 수도원에 감금되었다. 만쯔가 1527년 1월 사형을 당하기까지 함께 일했던 그는 만쯔가 사형 당하는 날 태장을 맞고 취리히에서 추방되어 베른Bern으로 갔다. 그러나 여기서도 추방되어 다시 비엘Biel, 그리손스Grisons, 아펜첼Appenzel 등지에서 사역하였다. 그러나 다시 체포되어 4월 21 일에 아펜첼에서 추방되었다. 다시 티롤Tyrol 지방으로 가서 일하는 동안 많은 지지자를 얻었으나 1529년 8월 14일 인스브루크 당국에 의해 체포되었다. 이때로부터 3주일 후인 1529년 9월 6일 교황이 내려 주신 사제직을 버리고 새로운 세례를 설교함으로써 가톨릭교회의 신앙과 의식을 거부했다는 이유로 화형을 당했다.[29]

콘라드 그레벨이 병사하고, 펠릭스 만쯔가 처형되고, 게오르게 블라우락이 추방되자 스위스 형제단은 시작된 지 불과 2년 만에 거의 모든 지도자들이 사라졌다. 이렇게 되자 재세례파 운동은 취리히에서 인접한 다른 지역으로 옮겨가지 않을 수 없었다. 결과적으로 재세례교도들은 남부 독일, 모라비아, 폴란드, 독일 북부, 그리고 화란 등지로 확산되었다. 이들은 계속하여 탄압과 순교를 당하였으므로 "순교의 순례자들"Martyr's Pilgrims이라고 불렸다.

발타사르 후브마이어

츠빙글리로부터 많은 영향을 받은 발타사르 후브마이어Balthasar Hübmaier, 1480?-1528[30]는 훈련된 신학자로써 재세례파 운동의 뛰어

---

2 9) W. Estep, 121-126에서 선별 인용함.

3 0) 휘프마이어에 대한 대표적인 전기로는 Torsten Bergsten, *Balthasar Hubmaier: Seine Stellung zu Reformation und Täufertum*, 1521-1528 (Kassel: J. G. Onckel Verlag, 1961)이 있는데, 이 책은 550면에 달하는 방대한 작품이다. 영어로 된 고전적인 전기로는 Henry C. Vedder, *Balthasar Hubmaier*(NY: G. P. Putnam's Sons, 1905)가 있다.

난 이론가요 지도자였다. 1480년경 남부 독일 아우구스버그에 가까운 프라이베르크Friedberg에서 출생한 그는 프라이브르크대학에서 수학하고1503-1506 성경학 학사Baccalaureus Biblicus 학위를 받고, 당시 유명한 로마교 학자였던 엑크John Eck의 제자가 되었다. 엑크가 프라이브르크를 떠나 잉골슈탓트 대학으로 가자 그도 그곳으로 따라갔고, 1512년 9월 29일에는 신학박사 학위를 얻었다. 신부이기도 했던 후브마이어는 대학교회인 비르긴Virgin 교회의 설교자요 교목으로 임명되었다. 3년 후인 1515년에는 이 대학의 부총장에 임명되었다. 그러나 1년도 못 되어 1516년 1월 25일 일골슈탓트대학을 떠나 레겐스부르크Regensburg, 발트슈트Waldshut 등에서 교구 신부로 활동했다. 그러던 중 1522년부터 바울서신을 연구하기 시작하였고, 바젤을 비롯하여 스위스의 여러 도시를 방문하고 개혁운동을 살펴보는 과정에서 복음적인 신앙을 갖게 되었다. 1523년경에 츠빙글리와 접촉하기 시작했으나 그의 개혁에 만족하지 못했다. 특히 유아세례는 수용할 수 없는 국가교회적 제도로 보았다.

1525년 1월 이전에 유아세례는 실제성이 없는 헛된 것이라는 확신에 도달했다. 이런 일로 투옥되었던 그는 취리히를 떠나 모라비아 지방의 니콜스브르크Nikolsburg로 가서 1년간 사역하는 동안 약 6천 명에게 재세례를 베풀었다고 한다.[31]

합스부르가에서는 지금까지 평화롭기만 하던 자기들의 영토에서 종교적 혼란을 방치해 둘 수 없다는 이유로 1527년 후브마이어를

---

3 1) W. Estep, 64.

체포하였다. 그는 자신의 입장에서 후퇴하여 타협을 시도하기도 했으나, 1528년 3월까지 감옥에 억류되어 있던 중 3월 10일 비엔나 교외에서 화형에 처해졌고, 그의 저서는 금서로 지정되었다. 남편의 죽음을 지켜보았던 그의 아내는 몇일 후 다뉴브강에서 익사 당했는데 이것은 당시의 여성들에 대한 처형 방법이었다. 1530년까지 재세례 운동이 지도자들은 거의 모두 처형되었다. 이런 박해에도 불구하고 재세례파 운동은 여러 지역으로 확산되었다.

5) 재세례파의 교의와 사상

앞에서 재세례파의 초기 역사와 지도적 인물들에 대해 소개하였다. 재세례파는 삼위일체 교리나 유아세례 등에 있어서 개혁교회와 견해를 달리하지만 이와 같은 교리나 신학적 차이점을 지적하는 것이 이 글의 목적이 아니므로 이 글에서는 재세례의 이념 혹은 개혁 정신에 대해 소개하고자 한다.

도날드 스무커Donald E. Smucker는 재세례파가 강조하는 주요한 가르침을 10개 항목으로 말한 바 있으나,[32] 다음의 몇 가지로 정리될 수 있다. 첫째, 성경에 대한 강조이다. 재세례파는 성경을 강조함에 있어서 루터파보다는 칼빈파에 가깝다. 양자가 성경은 영감된 하나님의 말씀이며, 최종적 권위라는 점에는 일치하지만, 성경의 사용,

---

3 2) Donald E. Smucker, "Anabaptist Theology in the Light of Modern Theological Trends," *Mennonite Quarterly Review*, Vol. XXIV, No. 1 (Jan. 1950), 74-75.

권위, 접근방식에 있어서는 칼빈과는 다르다. 칼빈이나 칼빈주의자들은 성경은 영감된 하나님의 말씀으로서 전체로서의 성경을 강조하지만, 재세례파는 성경전체를 신약에서from the New Testament 조망한다. 구약은 신약에 대한 예비로 보기 때문에 이들의 성경에 대한 접근은 그리스도와 신약성경중심Christ-New Testament centered이라고 할 수 있다.33 이 점이 메노 사이먼스의 저작 속에 그대로 드러나 있다. 엘리스 그라버Ellis Graber의 연구에 의하면 메노 사이먼스는 그의 『저작전집 Complete Works』 전반부에서 구약은 290회 인용했으나, 신약은 740회 인용된 사실을 지적한 바 있다.34 둘째, 제자도discipleship, 곧 그리스도의 제자로서의 삶을 강조하고 산상보훈을 문자적으로 실천하려고 힘쓴다. 그래서 그리스도를 따름Nachfolge Christi과 그리스도를 본받음Imitatio Christi은 이들의 삶의 방식으로 요구되고 있다. 셋째, 313년 이전의 교회로의 복귀, 곧 원시주의와 신자의 자발적 선택에 의해 이루어지는 교회, 곧 자발주의를 강조한다. 넷째, 국가와 교회의 완전한 분리를 강조하고, 양자를 구조적으로 연합시켜 주는 유아세례를 거부한다. 다섯째, 무저항, 비전, 평화주의를 지향한다는 점이다. 그래서 폭력이나 전쟁을 반대하고 앙갚음이나 원수 갚음을 반대하며, 원수까지도 사랑하는 삶을 강조한다. 이상에서 말한 마지막 세 가지는 교회관과 국가관 속에 잘 나타나 있다. 이제

---

3 3) Cornelius Krahn, "Prolegomena To an Anabaptist Theology," *The Mennonite Quarterly Review*, Vol. XXIV, No. 1 (Jan. 1950), 9.

3 4) Ellis Graber, "Menno Simons and the Scriptures," 1944 (Unpublished paper, Historical Library, Bethel College, Newton, Kansas).

몇 가지 항목에 대해 소개하면 아래와 같다.

근본적인 문제

재세례파의 근본이념은, 16세기의 국가교회State-church는 신약교회 원리에서 떠난 타락한 제도로 보고 성경의 가르침을 따라 원시교회로 돌아가야 한다는 복귀개념 속에 함축되어 있다. 그래서 베인톤은 "리포메이션Reformation이란 말은 루터의 개혁운동을 지칭하는 말이라면, 리폼드Reformed라는 말은 츠빙글리나 칼빈의 개혁운동을 지칭하고, 회복Restored이란 말은 재세례파의 이념이나 사상 혹은 개혁운동에 대한 포괄적인 표현"이라고 했다.[35] 그들은 신약성경으로 돌아가기를 원했으며 그런 의미에서 복귀주의자들이었다. 그들은 원시교회는 오직 진실된 신자들로 구성되었고, 교회와 국가가 결합 되기는 커녕 도리어 교회는 국가와 분리된채로 박해받고 경멸당하고 거부당하는 순교자의 교회로 파악하였다. 그래서 저들은 교회는 국가로부터 완전히 분리되어야 한다고 보았는데, 이것은 국가교회 혹은 제도교회Established church로부터 독립을 이루려는 일종의 자유교회 운동이었다. 재세례파가 유아세례를 반대하고 재세례를 주장한 것도 국교회로부터의 분리의 논리적 결론이었다. 이것은 성인 세례 혹은 신자들의 세례를 실시함으로서 국가교회 체제를 극복하고자 한 것이다.

정리하면, 재세례파는, 중세교회는 아무런 가치가 없다고 보아

---

3 5) R. Bainton, *The Reformation of the Sixteenth Century*, 95.

그 의미를 완전히 부정함으로써 역사의 비연속성discontinuity을 주장하였다. 그러므로 그들에게 있어서 개혁의 목표는 초대교회, 특히 313년 이전의 기독교로 돌아가는 것이었다. 그래서 그들에게 있어서 중요한 개혁 과제는 앞에서 지적한 바처럼 초기 기독교회에로의 복귀Restitution였다.

교회관

미국 칼빈신학교 교수였던 존 브랏John Bratt은 3가지 유형의 교회관을 말했는데,[36] 첫째는 교회를 가견적 기구와 동일시하는 로마 가톨릭, 혹은 희랍정교회의 '유일 교회관'one-church인데, 이들은 사도적 계승을 이 교회관의 기초로 보고 있다. 둘째는 루터파나 칼빈주의자들이 말하는 '참된 교회관'true church인데, 이들은 하나님의 말씀의 신실한 전파, 성례전의 정당한 시행, 치리의 합당한 시행을 참된 교회의 표식으로 본다. 이 3가지 조건으로 참된 교회와 참되지 못한 교회를 구분한다. 셋째는 재세례파의 '순수한 교회관'pure-church인데, 믿는 자들의 자발적인 연합으로 이루어지는 교회를 말한다. 이들은 콘스탄틴 이전의 교회를 참되고 순수한 교회로 보기 때문에 초기교회로의 복귀를 중시한다고 했다. 그래서 교회의 복귀운동은 재세례파의 핵심이었을 뿐만 아니라 이들의 교회관의 핵심이기도 하다.[37] 이들의 교회관은 근본적으로 초대교회에 대한 이상에서 시작

---

3 6) Donald E. Smucker, 85.

3 7) 재세례파의 교회관에 대한 가장 중요한 연구로는 Frinklin Littell, *The Anabaptist View of the Church*(Boston: Starr King Press, 1958)가 있다.

되는데,38 신약성경 시대와 콘스탄틴이전 시대의 교회를 참되고 '순수한'pure 교회로 보고, 이 시대적 교회에로의 회복을 의도하였다. 그래서 프랭클린 리텔Franklin Littell은 이를 '원시주의'Primitivism라고 불렀다.

재세례파는 교회의 타락은 교회가 국가와 타협하거나 야합하여 교회의 독립성을 누리지 못한 국가교회 제도에 기인한다고 보았다. 이들은 루터나 츠빙글리나 칼빈이 비록 교회와 국가간의 분리를 주장한다 할지라도 그것은 개념상의 분리이지 실질적 분리라고 할 수 없기 때문에 저들은 여전히 중세적이며 로마 가톨릭과 연속성을 지니고 있다고 보았다. 메노나이트 학자인 존 홀시John Horsch는,

> "루터의 관할하에 있는 루터교 도시에서 정치 지도자관헌는 summus episcopus, 곧 최고의 감독으로 그 지역 교회의 최고의 지도자highest bishop였는데, 루터는 이런 prince-bishops을 Noth-bisch feemergency bishops라고 불렀다. 루터는 이런 교회와 국가의 구조적 연합이 신약성경 원리에 위배된다는 사실을 충분히 알고 있었다. 비록 이런 국가교회 형식은 신약교회 원리는 아니었지만 단지 편리함 때문이었다. 루터나 츠빙글리의 새로운 국가교회 체제는 자신들의 이전 가르침과는 달리 일종의 타협이었다."

---

38) Franklin Littell, "The Anabaptist Doctrine of the Restitution of the Church," *The Mennonite Quarterly Review*, Vol. XXIV, No. 1 (Jan. 1950), 33.

고 보았다.39

재세례파는 교회의 타락은 4세기, 곧 콘스탄틴 시대로부터 시작
된 것으로 보고 있다. 이들은 콘스탄틴 황제 이후의 교회와 국가 간
의 타협 혹은 결합을 교회 타락의 가장 중요한 징표로 보았다. 이 타
협을 통해서 교회는 더 이상 신자의 자발적인 모임이기를 거부하고
국가적 의식유아세례이나 강압과 무력 정복에 의한 집단적 개종을 강
요하기에 이르렀다고 주장했다. 그래서 저들은 교회와 국가의 엄격
한 분리를 주장한 것이다. 세바스치안 프랑케Sebastian Frank나 카스파
쉬웽크펠트Caspar Schwenckfeld는 바로 이런 이유에서 황제권의 개입
결과로 교회의 영적 자유가 침해되었다고 보았다.

재세례파가 말하는 타락한 교회의 두 번째 표징은 기독교의 이름
으로 수행된 전쟁이라고 보았다. 폭력은 어떤 경우를 막론하고 성경
의 가르침과 위배되며 또 무력을 사용하여 종교적 자유를 통제하는
것은 분명한 타락의 징표로 보았다. 그래서 저들은 무저항주의와 절
대 평화주의를 지향했다.

재세례파가 보았던 교회 타락의 세 번째 표징은 삶과 예배에 있
어서 형식주의dead formalism였다. 내적 진실성보다는 의식, 외적 웅장
함 등 제도화된 교권 체제는 교회가 타락한 증거라고 보았다. 그래
서 저들은 단순한 의식과 간략한 성찬식 거행을 시행했다.

재세례파는 교회는 믿는 자들의 자의自意에 의한 모임이어야 하

---

3 9) John Horsch, *The Background and Heritage of the Mennonite Church*
 (Mennonite Publishing House, 1940), 7

며, 국가나 권력의 통제나 간섭으로부터 철저하게 독립해야 한다고 보았다. 또 '신자들의 세례'believers' baptism를 통해 구성된 회중은 형제들Brotherhood of believers이며 이 신자들의 순종을 강조하였다. 성경을 통해서나 혹은 공동체 안에서 일단 하나님의 뜻을 알게 되면 그에게 남은 것은 오직 순종하는 일뿐이라고 보았다. 결국 이들에게 있어서 교회는 국가와 구별된 전적으로 중생된 자의 모임이어야 했다. 이런 점에서 완전주의적 교회관을 지향했다고 할 수 있다.

세례관

중생된 자의 모임으로서의 교회는 고백된 신앙을 토대로 하는 '신자들의 세례'Erwachsenentaufe, Spättaufe에 기초한다. 이 세례를 통하여 그리스도의 제자됨을 공적으로 선언하는 것이며, 하나님의 계명에 순종하여 새로운 생활을 할 것을 약속하는 것이다. 그래서 개혁주의와 로마 가톨릭 사이의 가장 명확한 경계선이 '성경의 권위'라고 한다면, 재세례파와 개혁주의자들 간의 경계선은 '신자들의 세례'라 할 수 있다.40 그러므로 신앙의 지각이 없는 유아들은 교회의 정식 회원이 될 수 없으며, 따라서 유아세례는 인정될 수 없다고 보았다. 이들에게 있어서 '신자들의 세례'는 제자로서의 삶과 교회에 대한 관점을 이해하는 열쇠가 된다. 재세례파는 이 당시 유아세례란 국가와 교회가 결합한 상태에서 국가적 의식으로 행해졌으며 이것이 국

---

40) W. Estep, 150, '신자들의 세례'와 관련한 중요한 문헌으로는 Marlin Jeschke, *Believers' Baptism for Children of the Church* (Scottdale: Herald Press, 1983)가 있다.

가교회의 특징이라고 파악하였다. 모든 유아들이 교회에서 세례를 받아야 한다는 것이 법으로 정해져 있었기 때문이다.[41] 그래서 유아 세례에 대한 거부는 시민적 종교에 대한 거부와 결합되었다. 교회는 시민사회의 종교적 규약sanction이 아니라 세계와 사회의 현 체제에 대립하는 새로운 조직으로 이해한 것이다.

그들은 할례와 세례를 동일시하는 것을 부인하고 할례에서 유아 세례를 유추하는 것은 부당하다고 보았다. 또 이들은 성경에서 유아 세례의 근거를 찾을 수 없고, 도리어 그것은 교황에 의해 창안된 것으로 보아 거부하였다. 세례는 교육, 믿음, 회심을 거쳐야 하는데 이런 것은 유아에게는 불가능하다는 것이다. 그래서 본인의 결단 없이 이루어지는 유아세례는 무효이며 따라서 성인이 된 후 다시 세례를 받아야 했다.

이점은 1527년에 작성된 슐라이트하임신앙고백Schleitheim Confession에도 명백히 드러나 있다. 즉 "세례는 회개를 배우고, 생이 변하여, 그리스도를 통하여 그들의 죄가 도말하여 진 것을 진실로 믿는 자들... 그와 함께 장사되고 그와 함께 다시 살 줄을 믿고 원하는 모든 자들에게 반드시 시행되어야 한다. ... 이 의미에 의하여 로마교회의 극악한 교훈인 모든 유아세례는 배척되어야 한다."라고 하였

---

4 1) 유아세례가 법으로 강제된 것은 407년 이노센트(Innocent) 1세의 칙령에 의해서였다. 메노 사이먼스는 이러한 국가의 법적 강제가 교회의 속화와 타락의 절정이라고 보았다. Conelius Krahn, *Menno Simons* (Karlsruhe: Heinrich Schneider, 1936), 136, Littell, *Anabaptist View of the Church*, 63에서 중인.

다.[42]

그들은 세례는 구원의 필수조건이라는 주장을 거부하고 유아는 물세례와 관계없이 그리스도의 피로 구원받게 된다고 주장하였다. 그러나 '신자들의 세례'는 회심의 표로서 교회 회중이 되는데 필수조건인 것으로 보았다. 이렇게 볼 때 이들을 가리켜 재세례파Anabaptists, Rebaptizers, Wiedertaufer라고 말하는 것은 합당하지 않다. 왜냐하면 이들은 유아세례 자체를 인정하지 않기 때문이다. 스위스 형제단에게 있어 세례란 전통적 의미의 성례라기보다 일차적으로 제자로서의 순종의 상징이었다. 그들은 세례는 하나님의 말씀에 의해 회개하고 그의 마음이 변화되어, 새로운 생을 살아가기를 열망하는 자들에게 시행되어야 한다고 보았다.

후브마이어에게 있어서 세례는 "공적인 신앙고백이며, 내적 신앙의 증거"였다. 그러므로 세례에 있어서 회개와 함께 순종행위가 수반되어야 함을 강조하였다. 그런 의미에서 그는 유아세례를 반대하였고, 세례 요한이나 예수님, 그 누구도 어린아이에게 세례를 베풀지 않았음을 지적하였다.

필그림 마르펙Pilgrim Marpeck은 한 걸음 더 나아가 할례는 옛 언약의 표이며, 영적 할례는 중생한 자만이 받을 수 있고, 이것은 그리스도 안에 있는 믿음의 결과이다. 따라서 믿음없이 받는 세례는 세례가 아니라고 주장하였다. 재세례파의 성경관, 가견적 교회관, 제자관은 세례에서 그 중심 이념을 찾을 수 있다. 그래서 세례관은 재세례

---

4 2) W. Estep, 151-152.

운동의 뚜렷한 표식이 된다고 할 수 있다.

국가관

재세례파는 국가는 '이 세상 나라'the kingdom of this world에 속했다고 하여 이 세상과의 관계에서 분리주의적 입장을 취했다.43 이들이 교회와 국가를 분리하려는 것은 이른바 그리스도의 나라와 이 세상 나라를 구분하는 두 왕국 개념에 기초한 것으로서 교회와 국가 세상을 절대적 대립 관계로 보고 있다. 이것이 교회관과 국가관의 핵심이다. 이 점은 슬라이트하임 신앙고백서와 후터파 대 신조서Great Article Book속에 잘 나타나 있다. 슬라이트하임 신앙고백서는,

> "하나님은 그리스도의 온전하심 밖에서는 검을 사용하도록 정하였다. 그리하여 검은 악한 자들을 심판하여 죽인다. 또한 선한 자들을 보호하고 지키는 것이다. 율법에서 검이 악한 자들을 심판하고 사형에 처하는데 사용하도록 정해졌듯이 이는 세상 군주들이 사용하도록 정해진 것이다."44

라고 하였다.

이런 점에서 로마서 13장은 세속권위에 대한 그들의 논의의 근거가 되었다고 할 수 있다. 재세례파는, 세속정부가 하나님께 복종하는 일을 반대하지 않는 한 그리스도인들은 세속 정부에 복종해야 한

---

4 3) W. Estep, 179-202를 참고함.
4 4) Schleitheim Confession of the Faith, Article 6.

다고 보았다. 그런데 세속정부가 이들을 탄압하거나 박해하고 신앙
양심의 자유를 유린할 때 이들은 보다 높은 소명higher calling에 순종
하기 위해 세속정부에 불순종할 수밖에 없다고 보았다. 슐라이트하
임 신앙고백서는 국가관의 문제에 대해 특히 3가지 문제를 제기하
였다.

　　첫째, 선을 방어하기 위하여 그리스도인들이 악한 자에 대항하여
　　　　검을 사용할 수 있는가?
　　둘째, 그리스도인들이 세속적인 일에 대해 불신 법정에 설 수 있는
　　　　가?
　　셋째, 그리스도인이 세속정부의 위정자가 될 수 있는가?

　이 세 가지 질문에 대하여 "그리스도께서 그렇게 하지 않으셨다.
… 그러므로 우리도 그렇게 해야 한다"라고 하여 세 질문에 대해 부
정적인 해답을 제시했다. 즉 그리스도인은 이 세상에 살고 있으나
이 세상의 시민이 아니오 하늘의 시민이라는 점이 이 대답을 함축해
준다. 결국 이것은 이 세상에서의 삶의 문제였다. 이들은 중생한 자
가 '신자들의 세례'를 통해 교회의 회원이 되고, 회원이 된 자는 복종
과 제자도에 대한 의식을 강조하였다. 그래서 산상수훈을 문자적으
로 지키려고 하였고 예루살렘 교회와 같은 공유共有, 공생共生의 공
동체행 2:42-47를 꿈꾸었다.
　뿐만 아니라 이들은 무저항적이고 평화주의적인 삶을 지향하였

다. 로마제국 하에 살았던 초기교회 성도들과 동일한 무저항, 비폭력, 평화주의 입장에 서 있었다. 슐라이트하임 고백서와 후터라이트의 대 신조서에는 검을 사용해서는 안 된다고 선언하고 있다. 메노 사이먼스Meno Simons는 진일보하여 중생한 신자는 싸움으로 남을 속박하거나 전쟁에 참가해서는 안 된다고 보았고, 따라서 그 후예들은 집총과 병력 의무를 기피하였다. 이런 점에서 이들은 평화주의 혹은 반전反戰 사상의 근대적 선구자들이라고 할 수 있다.45

재세례파는 개인의 신앙과 양심이 국가에 의해 속박될 수 없고 하나님 아래서 자유로워야 한다고 주장하여 하나님의 말씀에 대한 종속적 권위로서의 국가의 권위를 인정하였다. 관헌官憲에 대한 재세례파의 견해는 대개 정교분리 원칙에 입각하여 종교의 자유를 확보하고 종교적이거나 양심의 문제에 대한 국가 권력의 강제력 행사를 반대한다.

6) 고난의 여정

'순교'는 재침례교도들의 표식이 되었다. 자신이 믿는 믿음 때문에 순교의 길을 간 인물 중에서 가장 처참한 최후를 맞은 인물은 미카엘 샤틀러Michael Sattler, 1490-1527였다. 재세례교도였던 그는 1527년 5월 독일 로틴스부르크Rottenburg에서 사형선교를 받았다. 그에게 적용된 죄목은 사제로서 법질서를 지키지 않고 결혼했고, 유아세례

---

4 5) H. S. Bender, "The Pacifism of the Sixteenth Century Anabaptist," *Church History*, xxiv (1955), 119-131.

를 거부했다는 등 아홉 가지였다. 사형집행문은 다음과 같았다.

> "미카엘 샤틀러는 사형집행인의 손에 넘겨지게 될 것이다. 사
> 형집행관은 그를 광장으로 끌고 가서 먼저 그의 혀를 잘라버
> 리고 다음에는 천천히 단단하게 붙들어 맨 후 발갛게 달구어
> 진 쇠 젓가락으로 그의 몸에서 살점을 두 번 떼어낸 다음 사
> 형장으로 가는 도중에 위와 같이 다섯 번을 더 행하고 교활한
> 이단자에게 행한 것과 같이 화형을 시켜서 가루를 만들어 버
> 릴 것이니라."[46]

샤틀러의 출생연도는 분명치 않지만 1490년경 독일 프라이부루
크에서 멀지 않는 브라이스가우의 스타우펜Stauffen에서 출생한 것으
로 추측한다. 인근의 성 베드로 수도원에 입단한 그는 곧 복음적 신
앙을 접하고 오스트리아를 떠나 취리히로 갔다. 그곳에서 재세례교
도가 되어 설교 사역에 동참하였고 그곳 비밀 집회의 지도자가 되었
다. 그러나 곧 발각되어 그 도시에서 추방되어 당시 유럽에서 가장
자유로운 도시 스트라스부르로 갔다. 후에는 독일로 돌아가 1527
년 2월 24일 샤푸하우젠 북쪽의 슐라이트하임Schleitheim에서 열린 재
세례교도 집회에서 설교자로 초청될 만큼 영향력이 있었다. 바로 이
집회에서 슐라이트하임 신앙고백서가 작성되었다. 이 고백서는 자
틀러에 의해 주도되었다.

---

4 6) 윌리엄 에스텝,『재침례교도의 역사』, 77.

이 모임 이후 자틀러는 아내와 다른 동료들과 함께 체포되었고, 1527년 5월 15일 재판에 회부 되었다. 5월 18이 사형이 언도 되었고, 이틀 후 위에서 제시한 바와 같은 방법으로 처형되었다. 그는 화형을 당하면서 다음과 같이 기도했다고 알려져 있다.

> "전능하시고 영원하신 하나님, 당신은 길이시며 진리이십니다. 내가 잘못에 빠지지 않았기 때문에 나는 오늘 당신의 도움을 힘입어서 진리를 증거하고 나의 피로서 그 진리를 확인할 것입니다."

그의 순교가 너무 잔인하여 처형 소식을 들은 부처Bucer와 카피토Capito도 크게 슬퍼하였다고 한다. 샤틀러의 순교로부터 8일이 지난 후 그의 아내는 네카어Neckar 강에서 침수형을 당했다.

재세례교도들의 순교기는 『순교자의 거울Martyr's Mirror』에 기록되어 있다.[47] 재세례교도들에 대한 탄압과 처형이 얼마나 가혹한 것이었던 가를 증거하고 있다. 집단적인 처형은 당시 다반사로 행해졌다. 1529년 황제의 명령을 근거로 알트제이Altzey에서는 350명을 처형했는데 이런 일은 유례가 없는 일이었다.

1529년의 제2차 스파이에르 회의에서는 재세례파의 사형에 관한 법령이 선포되었다. 독일 남부의 슈바벤Schwaben에서는 400명의 특별 경찰이 채용되어 재세례교도들을 체포하고 처형하였다. 재세례

---

4 7) 가장 단순한 편집본으로는 John S. Oyer and Robert S. Kreider, *Mirrow of the Martyrs* (Intercourse, PA: Good Books, 1990)가 있다.

교도들에 대한 박해는 국가, 로마 가톨릭, 프로테스탄트에 의해 시행되었고, 역사상 이보다 심한 처벌을 받은 종파가 없었다. 17세기 초까지 오스트리아, 프랑스, 스페인의 로마 가톨릭 지역에서 살해된 재세례파 신도수는 1만 명에 달한다는 연구결과도 있다.

"불이 타는 장작과 연기 나는 화형은 유럽 전체를 휩쓸었다."고 했을 때 이 말은 재침례교도들의 처형을 두고 한 말이었다. 이때로 부터 150년이 지난 후에도 재세례교도들은 스위스에서 사법적 제재의 대상이 되었다.[48]

4 8) 윌리엄 에스텝, 91.

4. 메노 사이먼스와 메노나이트

앞에서 재세례파의 기원, 인물, 교의와 사상에 대해 소개했는데. 재세례파의 한 지류 혹은 분파인 메노나이트에 대해 소개하고자 한다. 메노나이트는 메노 사이먼스Menno Simons, 1496-1561로부터 시작되었는데, 침례교 역사학자 이스텝은 16세기 재세례파 인물 중에 메노 사이먼스 만큼 위대한 인물이 없었다고 평가했다.[49] 화란에서의 재세례파 역사를 말할 때 메노 이전과 메노의 활동기, 메노 이후 시기로 나눌 만큼 그의 영향력은 지대하였다. 이렇게 본다면 화란의 재세례파가 메노파, 곧 메노나이트로 불린 것은 결코 우연이 아니다. 메노 이전에도 화란에 재세례파들이 있었지만 메노가 재세례파에 가담한 것은 화란의 재세례파의 신기원을 이루는 일이었다.

1) 메노 사이먼스의 생애

메노 사이먼스는 컬럼부스에 의해 북미대륙이 발견된 지 4년 후인 1496년[50] 북해에서 멀지 않는 유럽대륙의 북서쪽 끝에 위치한

---

4 9) W. Estep, 114.

5 0) 메노의 출생연도에 대해서는 이견을 보여 왔다. de Hoop Scheffer는 메노의

네델란드 북부지역인 서 프리즈란드West Friesland주 위트마르숨Wit-marsum에서 농부의 아들로 출생했다. 그의 초기 생활에 대해서는 별로 알려진 것이 없다. 그의 아버지 사이먼스는 아들의 이름을 메노라 하여 메노 사이먼스로 불렸는데, 그 당시의 관습으로 말하면 사이먼스의 아들Simon's son이라는 뜻이었다. 아버지는 그가 신부가 되길 원했으므로 아들을 인접한 도시 볼스워드Bolsward의 프란체스코Franciscan 수도원에 보냈다. 메노는 이곳에서 수도사가 되는데 필요한 훈련을 받았고, 라틴어와 헬라어를 배웠다. 그는 특히 테르툴리아누스, 키프리아누스 등과 같은 라틴 교부들의 작품과 에우세비우스의 작품들을 접했다. 이런 작품들이 그의 사상 형성에 영향을 준 것으로 보인다.

그가 신부로 임직 된 후 2년이 되기까지 성경을 읽지 못했고, 또 성경 읽는 것이 금지되어 있었다. 그가 아는 것이라고는 겨우 미사를 집례하는 데 필요한 정도에 불과했다. 메노는 28세가 되던 1524

딸의 언급에 기초한 연대 산정을 통해 메노의 출생연대를 1492년으로 보았다(Doopsgezinde Bijdragen, 1864, 124-134). 그래서 화란의 메노나이트들은 메노 출생 400주년 기념행사를 1892년에 시행한 바 있다. 그의 출생연도에 대한 논의는 20세기 초엽까지도 확정되지 못했다. K. Vos는 그의 *Menno Simons, 1496-1561* (Leiden, 1914, 166-188쪽)와 *Doopsgezinde Bijdragen* ('재세례파의 공헌',1912, 14-30쪽)에서 메노의 출생연대를 1496년으로 보았는데, 후자의 견해가 대부분의 학자들, 예컨대, Kuehler, Horsch, Krahn 등에 의해 보다 정확한 것으로 인식되어 왔다. 그러다가 1914년에 와서 메노의 최초의 진정한 전기 작가인 Karel Vos에 의해 메노의 출생연도가 1496년인 것으로 확증되었다. Krahn은 G. Faber에 대한 메노의 논쟁적인 작품의 초판본이 발견되면 출생연도의 정확성을 확인할 수 있을 것으로 보았다(Krahn, *Menno Simons*, 16).

년 3월 화란 우트레히트에서 신부로 임직했다. 그의 첫 사역지는 그의 고향 위트마르숨 옆의 핑줌Pingjum이라는 도시의 교구 신부였다. 메노가 신부로서의 삶을 시작하는 1525년은 콘라드 그레벨Conrad Grebel이 그의 동료들과 함께 취리히에서 재세례운동을 시작할 때였다. 그가 비록 신부로서 미사를 집례하고 교회 의식을 주도하며 가르쳤으나 내면적으로는 '화체설' 교리에 의문을 가지기 시작했다. 아마도 이때 그는 루터나 다른 개혁자들의 가르침을 접했던 것으로 보인다. 화란인 호엔Hoeen이 이미 1521년에 천주교의 '화체설化體說'을 부인하고 '상징설象徵說'을 말했던 것을 보면 메노가 개혁자들의 사상을 접했을 가능성이 높다. 메노가 호엔의 글을 읽었는지에 대해서는 분명하게 알 수 없으나 이미 이때 벌써 개혁자들의 영향력이 화란 북부지역에까지 미치고 있었음을 알 수 있다. 어떻든 메노 사이먼스는 핑줌에서 7년간1524-1531 일했고 그 후 그의 고향 위트마르숨에서 5년간 일했다. 곧 그는 12년간 로마 가톨릭의 사제로 일했다.

로마교 신부로서 12년의 기간은 그의 외적인 삶에서 볼 때 평범한 신부로서 종교적 의식을 수행하는 것에 불과했다. 자신이 고백했듯이 "그 당시의 풍조에 따라 카드놀이를 즐기고, 술을 마시고, 여러 종류의 경건치 못한 일"에 탐닉해 있었다.51 그러나 그의 내면세계에는 로마교의 교리와 가르침, 그리고 종교적 의식과 관행이 정당한 것인가에 대해 심각한 갈등을 겪었고, 양심의 채찍에 시달리고 있었

---

5 1) John Horsch, *Menno Simons's Life and Writings* (Scottdale: Mennonite Publishing House, 1936), 2. 메노 사이먼스의 생애 여정에 대한 정보는 주로 이 자료에 근거하였다.

다.

메노는 교리 문제, 특히 미사의 부당성에 대해 고심하다가 신약성경 연구를 통해 이를 해결하려고 결심했다. 이런 결심은 메노의 생애의 커다란 발전이었다. 이와같은 성경 연구가 그로 하여금 로마 가톨릭의 사슬에서 홀연히 떠나게 했고, 또 종교개혁의 근본원리인 하나님의 말씀의 유일한 권위를 깨닫게 되었기 때문이다. 메노가 의문을 품었던 문제를 해결하기 위해서 성경을 연구하기로 했다고 해서 그가 처음부터 로마교회의 권위를 부인하고자 한 것은 아니었다. 도리어 교회가 가르치는 주장을 스스로 확인해 보고자 했을 뿐이다. 그런데 그의 진지한 성경 연구의 결론은 미사에 대한 성경적 근거를 찾을 수 없었다는 점이었다.

미사의 부당성을 깨닫게 된 그에게 있어서 문제는 자명해졌다. 신앙문제에 있어서 궁극적으로 자신이 속한 로마교의 가르침을 받아들일 것인가, 아니면 성경의 가르침을 따를 것인가를 결정하지 않으면 안 되었다. 당시 로마교는 교리에 대한 불신은 영원한 형벌이라고 가르쳤으나, 사람이 만든 계명에 대한 불순종이 인간을 영원한 형벌을 줄 수 없다는 루터의 가르침은 메노에게 큰 위안이 되었다. 실지로 메노가 루터의 어떤 글을 접했는가는 불확실하지만 대체로 루터가 1518년에 썼던 소책자 『몇 가지 조항에 대한 교훈 *Instruction on Several Articles*』이나 1520년에 썼던 『기독자의 자유 *On the Freedom of Christians*』중이 하나로 알려져 있다.[52] 이제 메노는 루

---

52) John Horsch, *Menno Simons' Life and Writings*, 1936), 4.

터의 가르침을 받아들이고 화체설을 부인하게 되었다. 그러나 미사에 대해서는 루터의 입장을 받아들이지 않고 자신의 고유한 성만찬관을 발전시켰다. 이런 점에서 그는 루터파Lutheran가 되지 않았다.

메노가 성경의 가르침을 따르기로 결심하게 이른 것은 1528년으로 짐작된다. 비록 메노가 미사에 대한 새로운 견해를 가졌다 해도 즉각적으로 로마교회를 떠나지는 않았다. 그는 다른 개혁자들이 그러했던 것처럼 로마교회의 충실한 사제로 남아 있으면서 미사에 대해서만은 자신의 견해를 가르칠 수 있을 것으로 보았다. 메노는 아직 그에게 보장된 지위를 버릴 만큼 영적으로 선명하지는 못했던 것으로 보인다. 그러나 1528년에서 1531년 어간에 그의 삶에 분명한 변화가 나타났다. 그는 이 시기에 자신의 표현처럼 "주의 조명과 자비하심 가운데서 성경에 대한 이해가 깊어졌고, 점차 복음적인 설교자로 간주 되기 시작하였다."53

메노가 의문을 가졌던 또 한 가지 문제는 유아세례의 정당성 문제였다. 자신은 유아세례를 집례하고 있었으나 성경을 연구하는 중에 유아세례 또한 성경적 근거가 없다는 확신을 갖게 되었다. 이런 그의 유아세례에 대한 관심에 영향을 준 것은 화란 프리스란트의 루바르덴Leeuwarden에서 1531년 3월 20일 발생했던 직 스나이더Sicke Snyder, 본명은 Sikke Freriks의 처형사건이었다. 직 스나이더는 유아세례를 받았던 인물이지만 이를 부인하고 재세례를 받았다는 이유로 참수형을 당했다. 그는 화란에서 재세례 때문에 순교 당한 첫 인물이

---

53) John Horsch, *Menno Simons' Life and Writings*, 6.

되었다. 당시 유아세례는 의무였고, 구원의 필수조건으로 가르치고 있었다. 직 스나이더의 순교는 메노 사이먼스로 하여금 재세례 신도가 되는 길에 중요한 자극제가 되었다.

유아세례 문제로 고심하던 메노는 라틴어 성경을 처음부터 꼼꼼하게 읽던 중 "어린 아이들이 내게 오는 것을 금하지 말라. 천국은 이런 자의 것이니라."는 말씀을 통해 세례와 관계없이 천국은 선물로 주어지는 것임을 확인하게 되었다. 무엇보다도 메노는 신약성경에서 유아세례를 준 경우나 이를 구체적으로 명한 사실이 없다는 점에 유의하게 되었다. 특히 유아세례 문제와 관련하여 루터Luther, 부처Bucer, 그리고 불링거Bullinger와 상담한 일도 있으나 그들의 견해에 동의할 수 없었다.

이런 과정을 거쳐 메노는 그 자신이 속했던 로마교의 가르침이 성경에서 떠나있다는 분명한 확신을 갖게 되었다. 그래서 그는 1536년 1월 로마 가톨릭을 떠났다. 그는 이때의 회심을 이렇게 고백했다.

> "나는 나의 모든 세속적 명예와 명성, 비그리스도인적 행실, 미사, 유아세례, 그리고 무익한 생활을 자발적으로 포기하고, 즉시 고난과 가난과 그리스도의 십자가에 기꺼이 나 자신을 복종시켰다."54

---

54) "I voluntarily renounced all my worldly honor and reputation, my unchristian conduct, masses, infant baptism, and my unprofitable life, and at once willingly submitted to distress and poverty, and the cross of Christ."

이제 그는 고난을 피할 수 없었다. 그는 박해를 피해 그로닝겐 Groningen으로 도피했고 이곳에 은거해 있으면서 오베 필립Obbe Philips, c. 1500-1568에게 재세례를 받았다. 그래서 1536년 1월은 그의 생애 여정에서 중요한 전환기였다. 메노는 오베 필립스에게 세례를 받은 후 재세례파 혹은 오베파Obbenites로 알려진 오베 필립스의 모임에 가담하기 시작했다. 오베 필립스는 그의 동생 덕 필립스Dirk Philips와 함께 네델란드의 재세례파 지도자로서 온건하고도 평화주의적인 인물이었다.

참고로 말한다면, 네델란드에서 최초로 재세례교 신앙을 공개적으로 소개한 인물은 멜키오르 호프만Melchior Hofmann, 1495-1543이었다. 모피 상인 출신인 그는 루터의 열성적인 지지자였고 루터의 후원을 입기도 했으나 그의 과격한 종말사상은 루터의 신임을 얻지 못했고 결국 그는 1530년 루터파와 결별했다. 그 후에는 스트라스부르에 있는 츠빙글리파에 가담했으나 여기서도 곧 결별하고 엠덴, 스트라스부르, 네델란드, 북부 독일 지방을 순례하며 성경에 대한 환상적인 해석과 종말론적 천년왕국사상을 전파하고 다녔다. 그는 1533년 재림의 임박성에 대한 확신을 갖게 되었는데, 한 재세례주의자의 거짓 예언을 듣게 되었다. 즉 그가 반년 간 투옥되어 있다가 석방되어 그리스도의 재림에 있어서 엘리야와 같은 역할을 할 것이라는 예언이었다. 호프만은 이것을 주님께서 주시는 예언으로 받아들였다. 그런데 그가 투옥되지 않자 일부러 소요를 일으켜 스트라스부르의 감옥에 갇히게 되었다. 예언과는 달리 투옥기간이 길어졌고 그는 결국 그 감옥에서 죽었다. 이때가 1543년, 곧 육 개월이 지나면 감옥에서 풀려 나와 위대한 일을 감당하리라는 기대를 안고 기쁨으로 감옥에 들어간 지 10년이 지난 때였다.

그가 투옥 기간 중 그의 영향을 받은 열광주의자 얀 마티스Jan Matthys와 라이덴의 얀Jan van Leiden에 의해 뮌스터에서는 엄청난 소요가 일어났고 폭력이 난무하였다. 이곳에서 대학살이 빗어졌고, 결국 뮌스터 사건은 재세례파에 대한 부정적인 선입견을 갖게 하는 비극적인 사건이 되었다. 바로 이런 경험 때문에 오베 필립스는 비폭력적, 반 뮌스터적인 재세례파를 지향하는 대표적인 인물이 되었다. 말하자면 오베와 동생 덕 필립스는 혁명적인 인물들과는 달리 온건하고도 평화를 사랑하는 성경적인 재세례파 집단을 이끌어 갔다.

바로 이런 시점에서 메노는 재세례를 받았고 그의 인격과 목회자적 능력, 그리고 온화한 지도력에 의해 화란에서 재세례 교도들의 지도적 인물로 성장해 갔다. 특히 그는 뮌스터의 광란 집단과는 분명히 다른 바른 신앙의 수호자라는 평판을 얻게 된 것이다.

메노는 주로 화란과 독일 북부지방에서 활동했고, 이곳에 메노파의 교회가 설립되었는데, 그 중심지는 화란 북부의 그로닝겐Groningen과 독일의 서북부 엠덴Emden, 및 레어Leer 등지였다. 이 지역은 프리즈란드에 속한 지역이었다. 메노 사이먼스에 의해 시작된 메노나이트들은 화란에서는 도웁스허진던doopsgezinden, 곧 '재세례 경향을 가진 자들'anabaptism-minded라고 불렀다. 메노는 일생동안 수배를 받으며 도피하는 생애를 살았고 관헌의 눈을 피해 살아가지 않으면 안되었다. 1542년 12월 황제 찰스 5세가 5백 길드의 현상금을 걸고 메노 체포 칙령을 발표했을 때 메노는 자신을 '안식처 없는 인간'으로 표현했을 정도였다. "내 불쌍한 처와 어린 자녀들이 단 1년, 아니 반년이라도 안전하게 기거할 오두막이나 헛간은 어느나라에도 찾을 수 없구나?"라고 했던 1544년의 탄식은 자신의 신념을 지키기 위한 절박한 호소였다. 생사의 갈림길에서 험란한 삶을 살았으나 메노 사이먼스는 후일 독일에서 안식처를 얻어 재세례 신앙을 가르치며 저술하다가 그의 나이 65세 때인 1561년 1월 31일 세상을 떠났다.[55]

2) 저술과 사상

메노는 1539년 『기독교의 침례 *Christian Baptism*』, 1540년에는 『기독교 교리의 기초 *Foundation of Christian Doctrine*』, 1551년에는 『진정한 그리스도교 신앙 *The Christian Faith*』를 썼다. 화란어로 쓴 이 세 작품은 그가 북부 화란에서 활동하던 기간에 쓴 책들이다. 이 책들은 재세례교도들의 신앙을 해명한 작품으로서 특히 저들의 교회관과 세례관을 헤아릴 수 있는 귀중한 문헌이다. 특히 『기독교 교리의 기초』는 광범위하게 읽혀진 작품인데, 메노가 가르치는 교의

---

5 5) 메노 사이먼스의 생애와 저술 등에 대한 더 자세한 논의는, 이상규, "메노나이트교회의 평화주의 전통," 「한국교회사학회지」 44(2016), 214-224을 보라.

는 뮌스터의 재세례 집단과는 다르다는 점을 지적하고 성경에 대한 바른 교리를 가르치려는 의도에서 저술되었다. 이런 점에서 이 책은 칼빈의 『기독교강요』 초판1536과 비교되기도 한다. 이 책은 성경에 대한 메노의 해박한 지식을 보여주고 있고, 동시에 그가 교부들과 에우세비우스의 작품에 대해서도 상당한 지식을 소유하고 있었음을 보여 준다. 또 메노가 전통적인 로마 가톨릭 영성과 에라스무스의 평화주의적 경건의 영향을 받았음을 보여준다.

1554년에는 위스마Wismar에서 『겔리우스 파버에 대한 반박문』56 을 썼다. 로마 가톨릭 신부였던 파버Gellius Faber는 메노와 같은 해에 로마교를 떠난 인물인데, 2년 전에 쓴 책에서 재세례파를 혹독하게 비판했던 인물이다. 메노가 회심한 지 18년 후에 쓴 이 책은 자신의 신앙 여정과 재세례교도의 교의를 언급한 변증적인 기록이라고 할 수 있다.

메노에게 있어서도 중요한 한 가지는 사도적인 본래의 기독교, 혹은 산상수훈에서 가르쳤던 그 진정한 기독교에로의 복귀였다. 후브마이어의 방식으로 표현하면 메노는 "인간이 만든 교리의 진흙 구덩이와 시궁창에서 벗어나 신앙과 교회 질서의 진정한 뿌리인 신약성경으로 돌아가고자 했다." 일반적으로 메노나이트 교도들은 성경에 기초한 평화주의자들Bible-centered pacifists, 예수 그리스도의 용기 있는 추종자들, 순교하기까지 종교적인 양심을 소중히 여기는 자들로 알려져 왔다.

---

5 6) 원제는 *Een klare beantwoordinge, over een schrift Gellii Fabri* (*A Clear Reply to Gellius Faber*) 이다.

메노 사이먼스는 총 25종의 단행본을 썼는데, 모든 작품 표지에 고린도전서 3장 11절, 곧 "이 닦아 둔 것 외에 능히 다른 터를 닦아 둘 자가 없으니 이 터는 곧 예수 그리스도시라."를 인용하고 있다. 이런 점이 암시하듯이 메노의 신학은 근본적으로 성경에 기초한다. '성경에 기초한다'는 성경중심적이라는 말이 갖는 의미에 대해서는 의견을 달리한다 할찌라도.

3) 메노나이트의 정신

그렇다면 메노나이트의 이념 혹은 정신은 무엇인가? 필자는 이를 세 가지로 정리해 보고자 한다. 첫째, 신교信敎와 양심의 자유를 고양했다는 점이다. 이것은 근대적 의미의 자유교회 운동Free church movement의 기원이 된다고 할 수 있다. 메노나이트들은 신교의 자유는 물론 양심의 자유를 강조하였는데, 이는 어떤 국가권력으로도 제재할 수 없다고 보았다. 사실 아우구스티누스는 누가복음 14장 23절, "길과 산울가로 나가서 사람을 강권하여 데려다가 내 집을 채우라."는 말씀에 근거하여 국가권력이 이단을 억제할 수 있다는 이론 *Compelle intrare*을 폈는데, 이 이론이 남용되어 중세기에 이단 색출과 종교재판의 이론적 근거가 되기도 했지만, 메노나이트들은 이런 국가권력이 신교信敎나 양심의 자유를 억제해서는 안 된다고 보았다. 이들로부터 소위 플루랄리즘pluralism, 곧 종교 진리의 복수주의 사상이 발현했다고 볼 수 있다. 이 말은 기독교 신앙문제에 있어서 한 주장만이 아니라, 다른 주장도 동시에 옳을 수 있다는 점을 승인하는 것으로서, 이는 어느 하나의 기독교 종파만이 절대적인 진리이고 다른 모든 것은 이단이라는 중세기적 사고유형에 변화를 가져왔다. 이것은 현대의 '자유' 개념 형성에도 기여하였다. 뿐만 아니라 지역 주민 개개인의 의지와 상관없이 유아세례를 통해 자동적으로 포함되는 국가교회 체제와는 달리 '신자들의 세례'를 통해 회원이 되는 구별된 교회를 주장했다. 그래서 이들은 국가와 종교의 분리라는 현대적 개념을 고양하는 데 기여했다고 평가할 수 있다.

둘째, 메노나이트는 비폭력 평화사상을 가르치고 실천했다. 독일의 토마스 뮌쩌Thomas Müntzer나 호프만Melchior Hoffmann 등은 폭력을 용인하고 과격한 혁명사상을 주창했으나, 메노와 그로부터 시작된 메노나이트는 세계의 평화를 꿈꾸는 이상주의자들이었다. 그들은 산상수훈을 문자적으로 지키려고 힘썼고, 계속된 박해와 탄압 하에서도 무력이나 폭력으로 대항하지 않고 비폭력을 지향했다. 때리면 맞고, 박해하면 박해를 감내하거나 피했지만 박해자와 분쟁하거나 쟁투하지 않았다. 메노 사이먼스는 1550년에 이렇게 말했다. "성령으로 다시 태어난 사람들은 전쟁에 참여하지 않고 분쟁하지 않는다. 그들은 칼을 보습으로, 창을 낫으로 만드는 평화의 자녀들이다. 그리고 그들은 어떠한 전쟁도 알지 못한다. 아! 슬프다! 인간의 피를 돼지의 피와 동등한 가치라고 생각하는 사람들에게 우리는 창과 칼을 남겨두고 간다."

메노의 평화사상은 예수님의 가르침과 사도시대 교회의 가르침에 대한 복종이었다. 그들은 살상의 도구인 집총을 거부하였고, 출정을 거부하는 평화주의자들이었다. 아우구스티누스에서 루터, 칼빈으로 연결되는 주류의 교회는 선제 공격은 반대하지만, 방어적 전쟁은 불가피하다는 상대 평화주의자들이었다. 그러나 메노나이트들은 어떤 경우에도 전쟁을 반대하고, 방어적 전쟁이나 소위 평화정착이란 이름의 불가피한 전쟁도 반대했다. 그들은 이 신념을 지키기 위해 화란에서 러시아로 그리고 북미 대륙으로 이주했고, 미국의 케네디 행정부 하에서는 '평화봉사단' 운동을 지원했다.

존 호시Jonh Horsch는 이 시대의 비폭력 정신을 고양한 중심인물이었다. 충실한 메노나이트 신자였던 그는 당시 독일정부가 요구하는 군 복무에 응할 수 없었다. 이것이 19세였던 그가 독일을 떠나 미국으로 이주하게 된 이유였다. 그래서 메노나이트들에 의해 '양심에 의한 병역 거부'가 중요한 이슈가 되었다. 미국에서의 메노나이트들은 미국의 독립전쟁1775-1783, 남북전쟁1861-1865, 양차 대전, 특히 베트남 전쟁 기간 중 징집문제와 관련하여 양심적 병역 거부는 고난의 선택이었으나 이들은 이 길을 선택했다. 그리고는 군복무military service 대신 대체복무alternative service를 선택했다. 메노나이트들은 그리스도께 복종하는 한도 내에서 정부의 권위를 인정한다. 그리고 평화를 위해서라면 정부가 요구하는 것 이상의 대체복무를 받아들인다. 메노나이트가 보여준 반전反戰 평화사상은 오늘의 국제적인 분쟁의 와중에서 숭고한 감동을 주고 있다.

셋째, 이웃에 대한 진실된 사랑과 봉사 또한 메노나이트의 이상이다. 사랑과 구제를 강조하는 이들이 즐겨 인용하는 성경은 요한일서 3장 16-18절이다. "그가 우리를 위하여 목숨을 버리셨으니 우리가 이로써 사랑을 알고 우리도 형제들을 위하여 목숨을 버리는 것이 마땅하니라. 누가 이 세상 재물을 가지고 형제의 궁핍함을 보고도 도와줄 마음을 막으면 하나님의 사랑이 어찌 그 속에 거할까 보냐. 자녀들아 우리가 말과 혀로만 사랑하지 말고 오직 행함과 진실함으로 하자." 메노나이트는 사랑의 실천을 강조한다. 그것은 특별한 선행이 아니라 그리스도인의 당연한 의무라고 생각한다. 그들은 남을 돕는데 인색하지 않고, 필요로 하는 사람을 돕는데 있어서는 피아彼我의 구별이 없다. 비록 적敵이라 할지라도 주린 자에게는 먹을 것을 주고, 헐벗은 자에게는 입을 것을 주는 국경 없는 봉사와 실천을 강조한다. 그리고 위난자에게는 도움을 베풀었다.

16세기의 더크 윌렘스Dirk Willems, ?-1569의 경우는 메노나이트의 정신을 간명하게 보여주는 감동적인 사건이다. 화란의 신부 아들로 출생한 필립스는 라틴어와 헬라어 히브리어에 능통했고, 초기 메노나이트 신학자였다. 그는 형인 오베나 메노 사이먼스처럼 뮌스터파의 폭력적이고 혁명적인 사상을 강하게 반대하는 평화주의자였다.

재세례교도라는 이유로 투옥되어 있던 그가 탈출하여 간신히 얼음 덮힌 강을 건너가고 있었다. 이때 관헌이 그를 추적해왔다. 그러나 뒤따라오던 관헌은 얼음이 깨어지면서 강에 빠지게 되자 살려달라고 소리쳤다. 도망가던 덕 필립스는 돌아와서 그를 구해 주었다. 자신의 위험을 무릅쓰고 익사 위기에 있던 관헌을 구해 주었던 것은

간수에게 사랑을 베푼 더크 윌렘스, 그 결과로 그는 죽임을 당했다(1569)

원수까지도 사랑해야 한다는 예수님의 가르침을 실천하기 위해서였다. 그 관헌은 자신을 체포하기 위해 좇아오는 자였으나 위난한 그를 외면하지 않았던 것이다. 그러나 적에게 사랑을 베푼 대가로 그는 다시 체포되었고, 그는 결국 화형에 처해 졌다. 이때가 1569년이었다. 그가 재세례를 베풀었다는 한 가지 이유 때문이었다.

메노나이트들은 남을 돕고, 섬기는 일을 그리스도인의 기본적 사명으로 여긴다. 이들은 남을 돕기 위해 자신은 검소한 삶을 지향한다. 자신에 대해서는 인색하게 살면서도 가난하고 핍절된 이웃을 위해 봉사하기를 기뻐한다. 그래서 그들은 세계 각국에 구호물자와 봉사 인력을 파송하고 있다. 이들은 6.25전쟁이 발발하자 한국에서도 1951년 구호활동을 시작하여 1971년까지 20년간 대구, 경북지방에서 구호사업과 교육사업을 수행했고, 지금은 북한을 비롯한 여러 나라에 구호물자를 보내고 있다.

넷째, 구체적인 삶의 방식으로 제자도discipleship를 강조한다. 참된 회심과 거룩한 삶과 더불어 제자도는 메노나이트가 가르치는 중요한 가치인데 근본적으로 국가교회로부터 분리된 형태의 신자의 삶을 의미한다. 메노나이트는 성경 특히 신약성경 산상보훈에 기록된 말씀을 따라 순종하는 삶을 제자도의 기초로 인식한다. 알버트 슈바이처는 산상수훈은 현세에서 실천할 수 없는 윤리로 보았고, 예수님의 재림이 임박할 때 적용할 수 있는 윤리라 하여 '중간 윤리'interim ethics라고 불렀으나,[57] 메노나이트들은 이 땅에서 산상보훈의 가르침을 따라 살아야 한다고 보았고 이것이 제자도라고 이해했다. 이것이 예수님이 가르친 삶의 방식이라고 보았다. 메노 사이먼스가 가장 중요하게 여긴 성구가 고린도전 3장 11절이었다. "이 닦아 둔 것 외에 능히 다른 터를 닦아 둘 자가 없으니 이 터는 곧 예수 그리스도라." 그리스도 외에 다른 기초가 없다는 말인데, 메노와 메노나이트는 그리스도가 가르친 말씀 위에 세워진 교회를 지향했다.

메노나이트는 비록 교리적인 문제에 있어서는 장로교회를 비롯한 다른 개신교회와 다르지만 그리스도인들의 삶의 양식을 이처럼 진지하게 문제시하고, 저들 나름대로 이해한 원시교회의 이념을 굳게 지키며, 신앙과 양심의 자유를 지키기 위해 순교자적 삶을 추구한 점은 오늘 우리에게 감동을 준다.

---

5 7) Albert Schweitzer, *The Mystery of the Kingdom of God*, trans. W. Lowrie (NY: Dodd, Mead, 1914), 97.

4) 자유의 나라로: 메노나이트들의 이주와 교회의 확산

메노파 신자들은 재세례를 주장한다는 이유 때문에 국가권력이나 로마 가톨릭, 그리고 루터, 츠빙글리, 그리고 칼빈 등 주류의 개혁자와 그 교회로부터 끊임없는 탄압을 받았다. 집총이나 군복무 반대도 박해의 중요한 이유였다. 이들은 배신자들traitors이며, 이단적heretical인 반역rebellious 집단으로 간주되기도 했다. 1529년 제2차 스파이에르 제국의회Diet of Spires가 모든 메노파 신자들은 심문의 과정 없이 처단토록 했을 때 상황은 더욱 심각했다. 16세기에만 약 5천 명의 메노나이트들이 죽임을 당한 것으로 알려져 있다. 이들이 집총을 거부하고 맹세치 않는 것은 거듭된 오해와 탄압의 요인이었다.

결국 저들의 신앙과 양심을 지킬 수 있는 나라로의 이민은 불가피했다. 탄압받던 화란의 메노나이트들은 폴란드 비스툴라 델타Vistula Delta에 안식처를 찾고 그리고 이주하였다. 그러나 그곳도 그들의 안전한 삶을 보장해 주지 못해 그들은 1788년 다시 러시아의 우크라이나로 갔다. 첫 이주자는 300여 가정이었다. 그곳에서 러시아 혁명을 경험하고 그곳에서도 안식을 누릴 수 없게 되자 다시 미국과 캐나다로 이주하게 된다. 1873년부터 1880년까지 약 1만8천여 명의 메노나이트들이 러시아를 떠나 미국과 캐나다로 이주하였다.[58]

스위스의 메노나이트들도 마찬가지였다. 이들은 얼마동안 독일의 팔츠Pfalz, 독일 서남부 지역인데, 라인란트팔츠주의 남부에 해당한다. 이곳을 영

---

58) 루디 배르근(김복기 역), 『메노나이트 이야기』(KAP, 2005), 119.

어로는 팔라티나테 Palatinate라고 부른다와 알자스 로렌Alsace-Lorraine, 알자스와 로렌 두 지역을 함께 부르는 옛 명칭인데, 현재는 프랑스 관할으로 알자스-모젤Alsace-Moselle이 되었다 지방에 살다가 이들은 남부독일의 메노나이트들과 함께 펜실바니아로 이주하였다.59 이 양 이민자 그룹들은 이곳에서 미국과 캐나다로, 그리고 멕시코, 파라과이 그리고 브라질로 신앙의 자유를 찾아 순례자의 길을 갔다.

메노나이트들의 미국으로의 첫 이민은 1683년과 미국혁명 사이에 시작되어 첫 이주지가 펜실베니아 저먼 타운Germantown과 몽고메리Montgomery, 체스터Chester, 란카스터Lancaster, 그리고 벅스Bucks 등 지역이었다. 두 번째 시기가 1820-1860년대인데, 이 기간동안 남부 독일과 스위스에서 온 메노파들은 오하이오, 인디에나, 일리노이스, 아이오와, 그리고 캐나다 온타리오에 정착했다. 세 번째 기간이

---

59) 17세기 말 스위스와 알자스(Alsace)지방 메노파 사이에는 견해차가 제기되어 결국 교회가 분리되었다. 문제는 교회의 치리(church discipline)와 일반적인 자유 경향(liberal tendence)이었다. 제이콥 암만(Jacob Amman)은 보수적 그룹의 지도자였고, 한스 라이스트(Hans Reist)는 반대측의 지도자였다. 보수적 그룹은 1693년 메노나이트에서 분리하여 지도자인 암만의 이름을 따라 아미쉬라고 불리게 되었다. 스위스와 알상스 지방의 아미쉬들은 점차 로레인, 남부독일, 그리고 다른 유럽의 나라로 옮겨갔고, 후일 미국으로 이주하여 1727-1750년대에 펜실베니아주 Berks, Chester, Lancaster지방에 정착하였다. 이곳에서 점차 오하이오, 인디아나 주로 이동하였다. 1820-1860년대에는 더 많은 아미쉬들이 알상스-로렌지방, 바바리아(Bavaria), 헤세-담스탓트(Hesse-Darmstadt)에서 이주하여 오하이오주의 Butler, Fulton, Wayne 지방을, 그리고 아이오와와 일리노이스 지방으로 이주하였다.

1873-1880년대인데, 프러시아Prussia와 러시아에서 온 메노파들이 미네소타. 다코다, 네브라스카. 캔사스 주에 정착했다. 캐나다의 경우 마니토바Manitoba에 정착했다. 마지막 이주가 1917년부터 시작되었는데, 러시아에서 온 메노파들은 주로 캐나다에 정착했다. 저들은 삶의 터전과 재산을 포기하고 신앙과 자유를 선택해 빈손으로 북미 대륙으로 갔던 것이다.

이들은 병역 면제를 포함한 종교의 자유를 누릴 수 있는 곳이면 어디든 이주할 각오로 살았던 순례자들이었다. 그래서 저들은 '거주하는 순례자' 혹은 '순례하는 거주자'로 인식했다. 비록 이 땅에 두 발을 디디고 살았지만 저들에게 있어서 이 땅은 영원한 도성이 아니었다. 2세기 후반의 변증서 『디오그네투스에게 보내는 편지』The Epistle to Diognetus의 기록처럼, "그들은 그들이 속한 도시의 관습에 따라 옷을 입고, 음식을 먹으며, 삶을 영위하지만 그들은 각기 자기 나라에 살면서도 마치 나그네와 같았다. 모든 객지가 그들에게는 고향이요, 모든 고향이 그들에게는 객지였다." 메노나이트들은 이 땅에서는 어느 한 곳에 정주하지 않는 나그네와 행인 같은 역려과객歷旅過客에 지나지 않는다는 사실을 그들의 역사를 통해 체득했다.

정리하면, 미국과 캐나다의 메노나이트들은 두 연원으로 시작되었는데, 첫째는 화란, 북부 독일, 프리스랜드에 연원을 둔 이들로서 이들이 러시아로 이주했다가 다시 미국과 캐나다로 이주했는데, 이들이 General Conference Mennonite Church를 구성했고, 다른 한

줄기는 스위스, 독일에서 기원한 메노나이트들로서 1,700년대 미국, 주로 펜실베니아주로 이주한 구룹인데, 이들이 The Mennonite Church(Old Mennonite라고 불리기도 한다)를 구성했다.

그런데 이 양 이민자 그룹들은 이곳에서 미국의 다른 지역과 캐나다로, 그리고 멕시코, 파라과이 그리고 브라질로 신앙의 자유를 찾아 이동하였다.

그런데 북미에 있는 The Mennonite Church와 General Conference Mennonite Church가 15-20여 개로 나눠져 있는 메노나이트 교회 중 가장 큰 두 교단인데, 통합을 논의하여 많은 진척을 이루었고, 필자가 2000년 메노나이트 신학교를 방문했을 당시 통합은 거의 완성단계였다. 통합의 과정으로써 양 교회가 각기 발행하던 The Mennonite(1885-1998)와 Gospel Herald(1908-1998)을 통합하여 The Mennonite를 발행하고 있었다.

과거나 지금이나 메노나이트들이 묻는 질문은 두 가지였다. 첫째는 우리가 가진 신앙을 지킬 수 있도록 우리를 받아 줄 것인가 하는 질문이었고, 다른 한 가지는 "우리를 용인하는 그 사회를 우리가 받아들일 수 있을 것인가?Will we be accepted as we are and can we accept the society that tolerates us?" 하는 질문이었다.

5. 메노나이트중앙위원회(MCC)

메노나이트들은 신앙의 자유를 찾아 프러시아60, 남부 러시아의 우크라이나로 그리고 1780년대 이후에는 미국으로, 1870년대에는 캐나다로 이주하였다는 점을 앞에서 소개하였다. 이들은 자기들의 신앙과 신념을 지키기 위해 어디든 자신들을 받아주는 곳이면 기꺼이 이주하였고, 거주가 허락된 곳에서는 주로 농업에 종사하며 집단적으로 생활하였다.

1) MCC 창립의 배경

그런데 이들은 자신들의 정착지에서 풍요롭게 살지 못했으나 세계 도처의 빈민이나 핍절된 이들을 위한 구호사역을 전개했는데, 이를 위한 목적으로 조직된 기구가 메노나이트중앙위원회Mennonite Central Committee, 이하 MCC로 약기함였다. MCC는 하나님의 사랑과 자

---

60) 우리나라에서는 과거부터 영어식 발음으로 '프러시아'라는 이름으로 불렸으나 현재는 원어인 독일어를 기준으로 '프로이센'이라고 부른다. 프로이센은 호엔촐레른 가(家)가 지배했던 독일 북부지역에 위치한 왕국인데, 공식 명칭은 '프로이센 왕국'(K nigreich Preu en)이다. 1701년 1월 18일부터 1918년 11월 9일까지 존속했다.

비, 연민의 마음을 나누고자 하는 국제적인 비영리 조직으로 출발했는데, 1920년 MCC가 조직될 당시에는 구호사업relief에 집중하였으나 그 이후에는 지역사회 개발development, 평화정착Peace building에도 깊은 관심을 가지고 일해왔다.

메노나이트 교회의 구호사업은 오랜 역사를 지니고 있다. 이미 16세기 중엽부터 가난하고 핍절된 이웃을 위해 물질로 지원하고 후원해 왔는데, 이것은 메노나이트의 아름다운 전통이었다. 양차 대전 기간에도 구호사업은 광범위하게 지속되었다. 그러다가 남부 러시아, 곧 지금의 우크라이나의 메노나이트들이 전쟁과 기근, 질병으로 고통당하고 있다는 소식을 접했다. 이때의 호소문에는, "우리 중 누가 다음 추수기까지 살아남을지 오직 하나님만 아십니다. 오직 소수만 살아남을 것 같습니다. 우리가 살고있는 지역의 1만 3천 명의 주민 가운데 오직 6천 명만 살아 있습니다. 다른 모든 이들은 차디찬 흙더미에 덮혀 누워있고, 먹을 것을 구하지 못해 죽음에 직면해 있습니다."[61] 이런 현실을 인식한 북미의 메노나이트들은 이들을 위한 구호사업을 위해 논의하던 중 보다 체계적이고 장기적인 구호사업을 위해서는 조직이 필요하다고 인식하게 된다. 이전까지는 여러 메노나이트들에 의해 개별적 구호활동을 전개하고 있었고, 1920년 1월에는 미국 캔사스주 힐스보로Hillsboro에서 북미메노나이트들의 긴급구호위원회가 조직되었다. 이들이 연합하되, 미국의 메노나

---

61) 러시아에서의 이런 경제적 빈곤 상태에서 일부의 메노나이트들은 캐나다로 이민하였고(1922-1928), 일부는 파라과이와 브라질로 이주하였다.

이트가 중심이 되어 그리스도형제교회 Brethren in Christ, 아미쉬Amish 등 북미의 15개 교단 대표 34명이 1920년 9월 27일 미국 시카고에 모여 러시아 전역에 사는 굶주린 이들을 구호하기 위한 후원연합체를 조직했는데, 이것이 오늘 MCC라고 부르는 메노나이트중앙위원회MCC였다. MCC는 1920년부터 1925년까지 우크라이나의 굶주린 이들을 구호했는데 매일 2,500명의 생계를 지원했다.

MCC에 대한 안내서(c. 1960)

2) MCC의 구호활동

처음에는 굶주린 우크라이나의 메노나이트들을 위한 구호사역으로 출발했지만 후에는 구호의 범위를 확대하여 메노나이트가 아닌 이들에게까지 사랑의 손길을 폈다. 1930년부터 1937년까지는 파라과이의 메노나이트들과 브라질의 부르더호프 난민들을 후원했고, 1939년 이후에는 폴란드, 영국, 프랑스 등지의 가난한 주민들과 난민들을 도왔고, 6.25 전쟁기에는 한국의 피난민들과 고아들 그리고 과부들을 위한 구호 및 교육사업을 전개하였다.

다음 항에서 자세히 소개하겠지만 MCC의 한국에서의 사역은 처음 다음의 네 영역에서 수행되었다. 물론 후에는 사역 영역이 확대

된다.

1. 난민 구호활동 Material aid distribution for the refugees
2. 가족 어린이 후원 활동 The family child assistance program
3. 과부들을 위한 재봉교육 The Widow's sewing project
3. 고아와 극빈자들을 위한 직업교육 Mennonite Vocational School for
   orphans

   그리고 일부의 MCC 요원은 병원의 의료 자문활동 Hospital adversary service, 지역사회 봉사활동 Community service program, 그리고 기독교 아동보호 및 훈련 활동 Christian child care training program에 관여했다.

   MCC는 휴전 이후에도 주로 대구경산를 중심으로 전시와 마찬가지로 구제, 교육 사업, 가족-어린이 프로그램, 전쟁 과부들을 위한 재봉裁縫 교육, 그리고 농촌개선 및 지원 사업 등 여러 분야에서 활동했다. 그런데 1960년대 박정희 정부의 경제개발정책에 힘입어 전쟁의 폐허를 딛고 한국이 경제적으로 발전하게 되자 더 이상 한국에서 사역할 필요가 없다는 점을 인식하게 된 MCC는 1968년부터 한국에서의 사역 중단을 논의하게 되었고, 1971년 3월 31일부로 한국에서의 모든 사업을 종결하고 한국에서 철수하게 된다. MCC가 한국에서의 사역을 종료하고 철수하려는 계획이 알려지자 경상북도와 대구시, 그리고 교계 지도자들이 강하게 반대했으나 MCC는 모든 건물과 토지 등을 계명대학교에 무상으로 기부하고 한국에서 철수했다. 전쟁 중인 베트남이 보다 시급한 구호 대상지역이라고 보았기 때문이다. 보다 시급한 곳에서 봉사한다는 MCC의 정책에 따라 한국에서의 사역을 중단하게 된 것이다.

그로부터 약 20년 후인 1995년부터 MCC는 북한을 돕기 시작했고, 이 사역은 현재까지 계속되고 있다. 메노나이트중고등학교 동문회는 후원금을 모금하여 이 일에 동참하고 있다.

2006년 당시 MCC 본부가 해외에 파송한 봉사자는 750명, MCC 지회가 파송한 봉사자 약 300명, 곧 1천 명이 넘은 이들이 53개 국가에서 농업, 식수 공급, 주택건설, 건강관리, 직업창출, 평화건설, 그리고 교육 사업을 전개하고 있다. 또 MCC는 수많은 유관 기관을 후원하고 협력하고 있다. "예수 그리스도의 이름으로."[62]

메노나이트들은 신명기 14장 29절, "너의 중에 분깃이나 기업이 없는 레위인과 네 성중에 우거하는 객과 및 고아와 과부들로 와서 먹어 배부르게 하라. 그리하면 네 하나님 여호와께서 너의 손으로 하는 범사에 네게 복을 주시리라."라는 말씀을 구호救護의 지침으로 받아들였고, "누가 이 세상의 재물을 가지고 형제의 궁핍함을 보고도 도와줄 마음을 닫으면 하나님의 사랑이 어찌 그 속에 거하겠느냐"는 말씀을 구제의 실천적 규범으로 여겼다. MCC는 이 정신에 따라 1920년 조직 이후 세계 도처의 핍절한 이들에게 구호사업을 전개하여 왔다.

---

6 2) Eel Sahm Kim, *Mennonite Central Committee Relief and Educational Missionary Work in Korea* (2007), 12-13.

MCC의 3대 사역은 구제봉사, 개발, 평화사역인데, 본부는 미국의 경우 펜실베니아주의 에크론Akron에, 캐나다는 매니토바 주의 위니팩Winnipeg에 있다.

6. 메노나이트의 한국에서의 활동[63]

1) 달라스 보란의 내한과 한국에서의 사역 준비

한반도에 전쟁이 발발하고 수많은 난민이 발생하자 미국의 메노나이트는 전화戰禍에 지친 한국인들을 돕기 위한 구제사업을 준비했다. 우선 전시 하의 한국 상황을 파악하는 일이 우선이었다. 그래서 MCC는 1950년 10월, MCC 요원 한 사람을 부산으로 파송하기로 했다. 그러나 전시하에서 민간인의 입국이 제한되고 있었기 때문에 일단 일본으로 보내 한국 입국 방안을 모색하게 했다. 이런 사명을 안고 1951년 9월 일본으로 파송된 이가 달라스 보란Dallas C. Voran, 1920-2002이었다. 일본 도쿄에 도착한 보란은 미국방부와 유엔사령부의 입국 허락을 받고 10월 27일 부산으로 입국하였는데 이것

---

63) 이 주제와 관련하여 용이하게 이용할 수 있는 자료로는 L. Voth ed., MCC-Korea, *Memories Book, 1952-1971* (MCC-Korea Reunion, 1997), Sang. Jin Choi, *A History of Mennonite Workers' Peace Mission* (Washington DC: APPA Press, 2006), Eel Sahm Kim, *Mennonite Central Committee Relief and Educational Missionary Work in Korea* (한국에서 MCC 구호와 교육활동) (홍익출판인쇄사, 2007), 손상웅, 『메노나이트선교사 이야기』 (영남신학대학교 출판부, 2021) 등이 있다.

이 MCC의 한국에서의 활동의 시작이었다.[64] 그는 이때부터 1953년 3월까지 1년 6개월간 부산에 체류하면서 피난민 구호와 봉사 사업에 관여하였다.

메노나이트계의 벧엘대학1938-1943 출신인 보란은 1946년 MCC 요원으로 중국으로 파송되어 '세계교회 봉사회'CWS: Church World Service 소속으로 4년간 난민구호 활동을 전개한 바 있다. 그러던 중 한국에 전쟁이 발발하자 MCC 본부는 그를 일본을 경유하여 한국에 파송하게 된 것이다. 비록 그가 부산으로 입국했으나 MCC의 한국에서의 활동에 대한 인가를 받지 못했기 때문에 일단 유엔민간원조사령부UNCACK: The United Nations Civil Assistance Command in Korea 휘하에서 일하게 된다. '질병, 기아와 사회적 불안을 제거하는 구호사역'을 위하여 '자원봉사기관연락사무원'Voluntary Agency Liaison Officer이라

---

64) 메노나이트인 달라스 볼란이 1951년 10월 27일 한국에 도착했지만 그가 한국에 온 첫 메노나이트는 아니다. 기록상 한국에 온 첫 메노나이트는 1890년 성공회 의료선교사로 입국했던 Eli Barr Landis(남득시, 1865-1898)였다. 미국펜실베니아 주 랑카스터에서 피터 랜디스(Peter Landis, 1833-1899)의 5남으로 1865년 12월 18일 출생한 그는 1883년 펜실베니아의과대학에서 2년간 수학하고, 1885년 9월 필라델피아의대에 입학하여 수한 한 후 1888년 5월 의사가 되었다. 랑카스터공립병원에서 일하던 중 성공회의 콜프 주교(Charles John Corfe)만나 한국 선교를 자원하여 1890년 9월 26일 부산을 거쳐 9월 29일 제물로로 입국하였다. 당시 메노나이트교회는 선교사를 파송하지 않았기 때문에 성공회 선교사로 내한한 것이다. 그는 이때부터 성누가병원을 개원하고 의료활동을 전개했으나 1898년 3월 25일 장티푸스에 감염되어 1898년 4월 16일 사망했다. 처음에는 랑카스터의 메노나이트묘지에 매장되었으나 후에 인천외국인묘지로, 다시 인천부평외국인묘지로 이장되었다. 한국어에 능통하고 한국 역사와 문화, 예술에 대한 관심으로 그가 수집한 각종 한국학 자료는 랜디스문고(Landis Library)라는 이름으로 연세대학교에서 관리하고 있다.

는 직함으로 유엔과 메노나이트교회 등 외원 기관에서 보낸 구호물자를 피난민들에게 배급하는 일을 주관했다. 그러면서도 MCC본부가 필요로 하는 피난민들의 상황에 대한 여러 자료를 수집하고 본부에 보고했다. 1952년 MCC는 보란을 유엔한국재건단UNKRA: United Nations Korean Reconstruction Agency에 전속시키고 보다 구체적인 구호활동에 참여하게 했다.

메노나이트는 보란을 한국에 파송한 이후 MCC가 한국에서의 사역을 종료하는 1971년 3월 31일까지 20년 간 79명의 사역자를 한국에 파송하였고, 이들은 부산과 대구를 중심으로 활동했다. 이들 요원에 대하여 보통 '선교사'라는 칭호를 사용하지만 MCC문헌에서는 이들을 '선교사'missionary라고 호칭하지 않았고, 한국에서 일한 MCC 요원 자신들도 자신을 '선교사'라고 지칭하지 않았다. 이들은 이름 그대로 'MCC요원'MCC staff 혹은 'MCC 사역자'MCC worker로 인식했을 뿐이다. 내한하여 한국에서 일한 79명 가운데 일부는 대체복무자로 내한하였는데 이들을 '평화를 위해 일하는 사람,' 곧 팍스 맨pax man이라고 불렀다.

2) 데일 네블의 내한과 MCC

달라스 보란에 이어 1952년 5월 말 한국과 부산을 방문한 이가 바일러J. N. Byler였다. 그는 MCC본부의 구제사역 책임자이자 극동

MCC의 한국사역 개척자들(1953)
왼쪽부터 Dale Nebel, Dallas Voran, Dale Weaver, Ernest Raber

지역 책임자였다. 그는 10일간 한국에 체류하면서 MCC의 한국에서의 독자적인 사역의 가능성을 타진하기 위해 한국을 방문한 것이다. 당시 남한 인구 2천만 명 중 절반 이상이 도움을 필요로 하고 있었는데, 이들은 전쟁 피난민이거나 전쟁 중 부상당한 이들 혹은 다른 이유의 극빈자들이었다. 전쟁 과부는 30만 명에 달했고, 전쟁 중 남편을 잃은 과부들의 13세 이하의 자녀가 51만7천 명에 달했다. 부모를 잃은 고아는 2만5천6백 명이었다. 그런가 하면 보호받지 못하는 나병 환자는 약 5만 명에 달했다.65 이런 현실에서 한국을 돕는 일은 시급한 일이라고 보았다. 그는 자체적인 선교활동의 가능성을 타진하기 위해 민간구제기관의 여러 인사들, 그리고 피난민 수용소와 고

---

65) 손상용, 『메노나이트 선교사이야기』, 76.

아원, 어린이집, 보육원, 병원 등을 방문했다. 그리고 MCC는 한국에서 독자적인 구호사역을 시작해야 한다고 인식했고 여러 계획을 추천했다.

이후 MCC는 인접한 일본에 있는 바일러의 후임 극동지역 책임자인 데일 네블Dale Allen Nebel, 1916-2005을 여러 차례 파송하여 현지의 필요가 무엇인가를 검토하게 했다.66 네블이 처음 한국 부산으로 온 때는 1952년 11월 16일이었다. 그는 이때부터 1953년 7월까지 한국에 체류하면서 MCC 사역의 가능성을 검토했다. 그는 처음에는 MCC 파송으로 중국 상하이에서 일했는데, 이때 보란을 만난 일이 있다. 중국에서의 사역을 마친 네블은 필리핀으로 가서 1949년 2월까지 일했다. 그 후 귀국하여 아이오와 대학교에서 교육학을 공부했다. 그가 36세가 되던 1952년 바일러에 이어 일본 타이완 홍콩 인도네시아 필리핀 그리고 한국 등 극동지역 MCC 책임자로 임명되어 한국으로 오게 된 것이다. 일단 홍콩으로 가 재정적인 이유로 홍콩의 MCC사무실을 폐쇄하고 극동지역 사무실을 일본으로 이전했다. 그리고 1952년 8월, 일본 나가노 현의 카루이자와輕井澤에서 열리는 선교사 여름 수련회에 참석하여 부산에서 장로교 고신측과 협력하고 있던 부르스 헌트Bruce Hunt, 한부선와 플로이드 해밀턴Floyed Hamilton, 함일돈 선교사 등을 만나 한국에 대한 정보와 한국에서의 MCC의 구제 사역 가능성을 타진했다.

---

66)데일 네블에 관한 정보는 손상용, 31-41의 내용을 선별 인용하였음.

이때의 정보를 기초로 MCC본부 구제사역 책임자인 J. N. 바일러에게 한국 사역에 대한 보고서를 보냈다. 부산으로 온 데일 네블의 임무는 MCC 한국사무소를 확보하는 일이었다. 그는 부산 UNKRA 휘하에서 사역하던 보랜과 함께 사무실과 주거지로 사용할 건물 한 동을 매입했다. 그 외 여러 시설과 사람들을 만나고 12월 4일 일본 오사카의 MCC 극동본부로 돌아갔다. 그는 한국 방문 보고서에서 한국에서 활동하고 있는 구제기관으로는 UNKRA유엔한국부흥위원단, UNCACK주한유엔민간원조사령부, CWS기독교세계봉사회, CARE, YMCA, YWCA, CCF기독교아동복리회, SCF어린이 구호연맹 등과 같은 외국 자선기관이라고 했다.

이때1952. 12월 말 MCC 본부는 의류 12톤과 비누 3톤을 한미구제단American Relief for Korea을 통해서 한국으로 보냈고, 이 물자는 UNCACK에서 인수하여 전쟁피난민들에게 분배했다.

네블은 1953년 1월 30일 부산으로 돌아와 10일간 체류하고 다시 일본으로 돌아갔다. 그로부터 한 달 뒤 3월 6일 미국 MCC본부가 파송한 데일 위버Dale Weaver와 함께 다시 한국으로 왔다. 이제까지는 한국에서의 구호사역을 위한 준비와 탐색의 기간이었지만 위버의 내한으로 공식적으로 한국에서의 MCC 사역의 시작이 되었다.

네블은 4월 3일까지 한국에 머물다가 일본으로 돌아갔다. 한 달 뒤인 5월 4일에는 네 번째 한국을 방문했고 한 달간 체류한 후 6월 5일 일본으로 돌아갔다. 그해 6월 25일 다시 한국으로 왔는데, 일주일간 체류하고 7월 1일 돌아갔다. 이런 일련의 한국 방문은 MCC의 한국에서의 사역을 위한 준비였다. 이런 방문을 통해 MCC의 한국 사역에 대한 몇 가지 제안과 조언을 했는데, 의료선교도 제안했으나 후일 구제 사역이 중심을 이루었다.

3) 메노나이트중앙위원회 사역자들

한국에서 활동하기 위해 MCC의 파송을 받고 부산으로 온 사실상의 첫 사역자는 1953년 3월에 내한한 데일 위버Dale Albert Weaver, 1918-2011와 어네스트 레이버Ernest Dee Raber, 1927-2018였다. 이들이 내한하게 된 것은 앞에서 설명한 바와 같이 달라스 보란과 MCC극동책임자인 데일 네블의 정지 작업이 있었기에 가능했다. 위버는 MCC한국 책임자였고, 레이버는 재정관리 및 구제물자 관리 책임을 맡았다. 이들의 임명 기간은 3년이었다.

데일 위버는 캔사스 주 하퍼 카운티 출신으로 7남 7녀 중 11번째 자녀였다. 고센대학에서 1년 간 수학하고 농사일을 하던 중 전쟁이 일어난 한국에서 봉사하기로 작정하고 한국행을 자원하여 앞의 레이버와 더불어 펜실베이니아 주 아크론의 MCC본부에서 선교훈련을 받고 1953년 1월 MCC 요원으로 임명되어 어네스트 레이버와 함께 일본 오사카를 거쳐 미군 군용기를 타고 1953년 3월 6일 부산에 도착했다. 부산으로 오기 전에 먼저 오사카에 들렀던 것은 해롤드 요더로부터 한국에 필요한 구호품을 접수하기 위해서였다.

내한한 데일 위버는 한국 MCC 첫 지부장으로 임명되었는데, 먼저 대구로 가서 장로교선교기지 내의 북장로교 선교사 주택에 거주하면서 그곳에 MCC 한국본부를 설치하고자 했고, 구제품의 분배, 전쟁 과부들을 위한 재봉 자수 교육프로그램을 시작했다. 다시 부산으로 와 부산에 MCC 거점을 확보했는데, 그곳이 '부산 부민동 2가 5-9번지'였다. 한국인 주택을 구입하여 수리한 후 사무실로 사용하게 된 것이다. 우편물 수납을 위해 '부산우체국 사서함 112호'를 사용했다. 별도의 전화가 없어 미국 감리교 선교부의 부산 416번의 전화를 빌려 사용하고 있었다. 사무실에는 한국인 행정 직원 두 사람을 채용했다. 주요 정책과 예산 집행은 미국 MCC 본부가 관장했고, 프로그램 운용과 예산안 집행은 한국본부가 맡았다. 그리고 메노나이트가 보내는 구호품은 UNCACK, 미국한국구제회ARK, 그리고 세계교회봉사회CWS를 통해 한국으로 전달되었다. 이렇게 되어 대구와 부산이 MCC의 사역 거점이 된 것이다.

참고로 1953년부터 1954년까지 1년 예산 내역을 보면, 복지, 건강, 교육, 구제를 위한 월 예산이 1,650달러, 구제물자는 211,000달러에 해당했는데, 식품은 100톤, 의료와 침구 50톤, 비누 5톤, 크리스마스 선물 꾸러미 15톤7,000개, 원면과 원모 50톤이었다. 그런데 이런 예산 중 직접적인 전도나 교회 사역을 위한 예산은 없었다. 즉 MCC는 메노나이트 교회를 선전하거나 교회 설립을 목표하지 않았고, 순수한 구호사역에 집중하였음을 알 수 있다. 또 구호 대상자를 기독교 신자로 제한하지 않았다. 1953년 10월 이후에는 미국 MCC가 보낸 456톤의 구호물자가 들어왔는데, 식료품이 156톤, 우유가

140톤, 의류 신발 비누가 160톤이었다.[67]

어네스트 레이버는 오하이오주 투스카라와스 카운티 출신으로, 세계 2차 대전 기간 집총거부 신앙을 인정받아 평화사역Pax 요원으로 와싱톤 주에서 대체 복무를 한 바 있다. 그 후 오하이오주 보우링 그린Bowling Green에 위치한 보우링 그린 주립대학에서 교육학을 공부하고 1950년 졸업했다. 졸업 후 플로리다 윈터 헤이븐에서 짧은 기간 교사로 일한 바 있으나, MCC요원으로 훈련을 받고 1953년 3월 한국으로 오게 된 것이다. 이때부터 1956년 1월까지 약 3년간 부산에서 일했다. 한국에 온지 7개월이 되던 1953년 10월 7일에는 부산의 한국인 교회에서 메리 미첼Mary Milster Mitchell, 1922-2010과 결혼했다. MCC요원으로 임기를 마친 레이버는 서울로 이동하여 감리교 선교사로 4개월간 더 일하고 1956년 5월 고향 오하이오주로 돌아갔다.

1951년의 달라스 보란에 이어 데일 네블1952, 어네스트 레이버와 데일 위버1953. 3에 이어 1953년 8월에는 일본에서 사역하던 해롤드 요더Harold Yoder 부부가 한국으로 왔다. 그가 1953년 8월 18일, 후에 건립되는 메노나이트실업학교 교지를 확보한 첫 인물이었다. 그의 부인 팻Pat는 휴전 이후 한국에 온 첫 여성자원봉사자였다. 곧 밥 리 Bob Lee가 요더를 돕기 위해 내한했고, 같은 해에 로버트 골스 부부

---

6 7) 손상웅, 60.

Robert and Norma Kohls가 내한하여 경상북도 경산에 학교 설립을 준비했고 그는 첫 교장이 된다. 이렇게 되어 MCC의 한국에서의 사역 범위가 점차 확대된다.

1953년에는 크게 4가지 사역이 전개되고 있었는데, 이미 내한하여 UNCACK에서 일하는 달라스 보란의 구호 사역, 메노나이트실업학교 설립을 위한 기초 작업, UNCACK, ARK, 그리고 CWS를 통해 우송된 구호물자 배부, 그리고 한국에서 전개할 예비 사역과 장비의 조달이 그것이었다. 이 중 대구 인근 경산에 직업학교 설립을 위한 준비가 순조롭게 진행되어 학교 부지 매입비로 10,250달러, 학교를 위한 각종 수리비로 1,500달러, 운영 행정 비용과 장비구입비로 1,200달러가 소요되었다.[68]

4) 메노나이트중앙위원회의 구호와 교육 활동

앞에서 MCC의 조직과 한국에서의 사역의 시원, 초기 사역자들에 대해 소개했는데 이제 구체적으로 한국전쟁기 MCC는 한국에서 어떤 영역에서 사역하였는가에 대해 몇 가지 항목으로 소개하고자 한다.

구호와 구제 사역

첫째, 구호 사역이었다. MCC의 대표적인 활동이 구호 혹은 구제

---

6 8) 손상웅, 57.

활동인데, 이는 사역의 최우선 순위였다. 인간의 가치와 인간 생명을 소중히 여기는 메노나이트 정신에 따라 굶주린 이들에게 먹을 것을 주고 헐벗은 이들에게 입을 것을 주어 생존하게 하는 것이 우선적인 사역이었다. 이것이 바로 식량지원이었다. 지원 규모에 대해서는 다양한 통계가 있다. 전쟁이 끝난 1953년 8월에는 79톤의 구호물자를 보냈는데, 우유와 식품이 중심이었고 그 외 의류 성탄절 선물 꾸러미 등이었다. 이들이 지원 대상은 부산이나 경남지방 뿐만 아니라 대구, 서울 인근, 인천과 수원, 38도 선 이북의 강원도 화천, 그리고 울릉도까지 확대되었다. 그것은 MCC가 기독교세계교회 봉사회 CWS와 동역했기 때문이었다.

MCC는 대규모의 의복과 침구류1951-1970, 식량1953-1970, 성탄절 특별구호품1954-1969을 공급하였고. 이런 피복, 식량 지원 외에도 소고기 통조림 등을 공급하고 부산과 대구 등지에 우유급식소를 설치하고 어린 아이들의 건강을 지켜 주었다. 구호 통조림 통에는 'Food for Relief, In the name of Christ'라는 문구를 넣어 무상 공급이라는 점을 알리고, 이를 판매하거나 되팔아서도 안 된다는 점을 밝히고 있다. 무상 구호 식량을 판매하여 특정인이 사유화하지 못하게 하기 위한 조처였다.

직업교육: 메노나이트실업중고등학교

둘째, 직업교육이었다. MCC는 전쟁고아들의 자립갱생을 위해 직업교육을 실시하기로 하고 1953년 5월 경상북도 경산군 압량면

경산메노나이트
직업중고등학교
안내판

신천동의 78에이커약 9만5천평의 땅과 거기 부속된 27채의 건물을 확보했다. 47에이커의 땅은 운크라UNKRA의 지원으로 구입하였고, 논과 밭과 언덕이 있는 31에이커는 한국 정부로부터 임대했다. 이 토지는 일제시대 일본인들이 소유했던 농업실습장인 농도원農道園이었으나 해방 이후 한국 정부가 관리하고 있었다. 이곳에서의 교육사업은 MCC의 가장 중요한 프로젝트였다. 이곳에 남자 고아들을 위한 중등과정의 직업교육을 실시하고 졸업 후 사회에 진출하여 건실한 시민으로 살아갈 수 있도록 교육하기 위한 구상이었다. 학교 설립의 주도적인 역할을 한 이는 해롤드 요더, 밥 리, 그리고 로버트 콜스였다.

이곳에 학교를 설립하기 위해 이사회를 구성했는데, 초기 사역자이자 MCC의 첫 한국지부장인 데일 위버를 비롯하여 경상북도 도지사, 경상북도의회 의장, 경북대학교 총장 고병간 박사, 사회사업가 협회장인 이영식 목사, 대구동산병원 부원장 황용운 박사, 초대 교장으로 임명된 로버트 콜스L. Robert Kohls, 1928-2006 등 8명이었다. 이렇게 시작된 학교가 1953년 10월 개교한 메노나이트실업중고등학

메노나이트중고등학교 교정(1967)

수업 중인 교실

교MVS:Mennonite Vocational School였다. 메노나이트직업학교 혹은 메노
나이트기술학교로 불리기도 한 이 학교는 일차적으로 전쟁고아들과
극빈자를 위한 학교였음으로 무상교육만이 아니라 의류와 숙식까지
제공하는 기숙학교로 출발했다. 학교는 1953년 11월 20일 개교했
고, 첫 입학생은 14명의 고아였다.

첫 교장 로버트 콜스는 한국 이름 고을수高乙秀로 불렸는데, 1953
년 10월부터 1956년 3월까지 2년 6개월간 교장으로 재직했다. 오하

이오주 달라스 카운티 출신인 그는 데스 모이네스에 위치한 드레이크 대학Drake University에서 1년간 수료하고 제2차 대전 막바지 때인 1945년 12월 31일 입대하였는데, 1946년에는 한국에 주둔했다. 한때 대구 동촌의 K2공군부대에서 근무했다. 군 복무 후 대학에 복학하였고, 1949년 6월 17일에는 노르마 차펠Norma Glee Chappell과 혼인했다. 대학 졸업 후 3년 교사로 일했다. 그는 메노나이트가 아니라 퀘이커였으나 미래에 대한 비전을 가진 자이자 어려움을 극복할 수

있는 인물로 여겨 교장으로 임명된 것이다.69 특히 한국에서 군 복무한 경험이 중시되었다. 그는 후일 『한국식으로 사고하기 *Learning to Think Korean*』Yarmouth, ME : Intercultural Press, 2001와 같은 책을 출판하기도 했는데 이런 문서를 보면 그는 매우 지성적인 인물이었음을 알 수 있다.

로컬트 콜스에 이어 케네스 브런크2대, Kenneth S. Brunk, 재임기간 1956.3-1959. 3, 리렌드 보스3대, 보우수, Leland W. Voth, 1959.3-7 존 죽4대, 주욱구, John Zook, 1959.7-1963.6, 리렌드 보스5대, 보우수, 1963.7-1967.1가 교장직을 계승하였고, 1967년 8월 31일에는 한국인 이동근6대, 1967.8-1969. 8 씨가 교장직을 계승했다. 1969년 9월에는 안태석 장로가 교장으로 취임했다.

학생들의 신앙지도를 위해서 교목이 초빙되었는데, 이진삼李震三, 1922-2008, 재임기간 1953-1962, 김이봉金利奉, 1963-1969, 김진홍金鎭鴻, 1969-1970 목사가 봉사했다. 이진삼 목사는 총회신학교 1회 졸업생으로 목사 안수를 받고 메노나이트 학교로 부임했고, 김이봉 목사는 총회신학교 13회1963 졸업생으로 강도사로 부임했다. 김진홍은 장로회신학교 졸업생으로 그 역시 강도사로 부임했다. 이렇듯 메노나이트학교 교목은 장로교 목회자로서 장로교의 역사와 전통 위에서 성경을 가르치고 신앙을 지도했다. MCC는 처음부터 메노나이트교회를 소개하거나 아나뱁티스트 교리를 가르치거나 저들의 교회 설립을 의도하지 않았음을 알 수 있다.

---

69)E. S. Kim, 25.

앞에서 지적했듯이 MVS는 고아나 극빈자 가정의 자녀들이 자립하고 건실한 시민으로 살아갈 수 있도록 실업교육을 중시했으나 인문교육과 더불어 농업교육을 시작으로 철공, 목공과를 두었고, 그 후에는 인쇄과1960, 타자과1961, 전자과1964를 설치하여 전문인력을 양성하고자 했다.

중학교 제1회 졸업식은 1956년 3월에, 2회 졸업식은 1957년 3월에 거행되었고, 고등학교 제1회 졸업식은 1959년 2월 12일에, 2회 졸업식은 1960년 2월 24일 거행되었다. 그러다가 MCC의 한국 사역 종료를 앞둔 시기의 제12회 졸업식은 1970년 2월에 예정되어 있었으나 졸업생들의 진학이나 취업을 미리 준비하게 하기 위해 1969년 12월 26일 앞당겨 거행되었다.

이렇듯, 1953년에 시작된 학교교육은 1971년까지 약 17년간 지속되었고, MCC는 1971년 3월 31일부로 한국에서의 모든 활동을

단체사진(1954. 11.)

중단하고 철수하였고, 그 이후 학교는 한국인에게 인계되었다. 사실은 이보다 앞서 1969년 7월 7일 한국이사회가 재단 및 학교 운영권을 인수하였는데, 9월에는 안태석 장로가 교장으로 취임했다. 안태석安泰錫, 1912-?은 달성군수, 영천 재생원 원장, 학교법인 기독교농민학원 소속 진성중학교 교장을 역임하였고 대구 칠성교회대구 수성구 두산동 장로였다. 메노나이트실업중고등학교 졸업생은 MCC 문헌에 의하면 332명으로 집계되어 있으나, 1953년부터 1971년까지 입학생은 650여 명에 달했다. 입학생의 50% 정도만이 모든 인문 직업훈련 과정을 이수하고 졸업한 것이다. 졸업생들은 실업계나 재계, 교육계, 기업체, 금융, 외국 기관, 의료 및 병원, 선교 기구나 단체 등 여러 영역에서 활동했고 활동하고 있다.

전쟁미망인을 위한 자활교육: 과부 프로젝트

앞에서 MCC의 한국에서의 사역을 소개하면서 구제사역과 고아와 극빈자 자녀들을 위한 직업학교 교육을 소개했는데, 세 번째 사역은 전쟁미망인들을 위한 자활교육이었다. 6.25 전쟁 기간 중 약 30만 명의 과부가 생겨났는데 이들의 자활을 위한 직업교육은 시급한 과제였다. 그래서 MCC는 1954년 8월 우선 대구 지역에서 직업교육이 필요한 과부들에게 바느질과 재봉틀을 가르치기 시작했다. 이를 과부 프로젝트Widows project라고 불렀다. 실제적으로 재봉틀을 이용하여 바느질을 가르쳤음으로 바느질 프로젝트Sewing projest로 불리기도 했다. MCC는 대구 시내에 '한미재봉소'라는 이름의 교육장을 설치하고 주위의 추천을 받아 우선 30명의 과부를 대상으로 재봉틀을 가르쳤다. 이들은 주로 전쟁 과부들이었지만 일부는 다른 이유로 남편을 잃고 생활을 꾸려가기 어려운 이들이었다. 이들이 교육 받는 동안에는 호구대책이 없었음으로 가족들의 생계를 지원하였다. 이 재봉소에 필요한 물품들은 미국이나 캐나다 MCC가 지원해 주었고, 재봉틀 교육을 통해 생산된 물품들은 고아원이나 영세민들에게 무상으로 공급되었다. 일정기간 교육이 끝나면 졸업생들이 자신의 재봉틀을 구입하도록 지원하여 주었고, 그렇게 함으로써 자활할 수 있도록 후원해 주었다. 이 봉재기술교육은 1954년 8월부터 1968년까지 14년간 계속되었고, 158명이 경제적 자립을 이루었다.

지역사회 지원 사업

넷째는 지역사회 후원 프로젝트Community Service project였다. 이 프로그램은 1960년 12월 1일 시작되었는데, 농민들을 위한 농업교육 중심이었고 이를 통해 농민들의 정착을 도와주는 사업이었다. 이 프로젝트는 기술학교가 위치한 경상북도 경산에서 시작되었는데, 학교 내에 농촌지도소를 설치하고 이를 거점으로 인근의 10여 개 마을, 곧 신천, 남방, 내용, 갑제, 신원, 당음, 당리, 점촌, 평동, 평서 등지를 선정하여 농촌생활을 지도했다. 영농기술 교육, 종자 개량, 비료 사용법, 병충해 방지대책, 곡식재배, 축산기술 교육, 농기구 수리교육 등을 실시하였고, 이에 더하여 공중위생, 건강, 영양 섭취 등에 대해서도 가르쳤다. 또 부녀자들을 위해서는 효과적인 요리법, 부엌

개선 작업, 가족계획 등에 대해 지도하고 지역 사회개발에 힘썼다. 특히 축산업을 통한 경제적 자립, 신용금고 운영은 큰 인기를 얻었다. 가난한 농민들은 가축을 살 수 없음으로 무상으로 가축을 분양하고 그 가축의 첫 새끼를 반납케하여 자립의 길을 열어 주었다. 미국이나 캐나다의 메노나이트들은 농업에 종사하는 이들이 많았음으로 농업 관련 전문기술 인력이 많았기 때문에 적절한 교육을 실시할 수 있었다. 이 프로그램으로 약 1,300명이 경제적 자립을 이룰 수 있게 되었다.[70]

MCC 요원은 이들 지역에 4-H 클럽을 조직하고, 4개의 부녀회와 5개의 농민회를 조직하게하여 계몽과 영농기술의 전파를 위해 노력했다. 4-H란 지智育, head, 덕德育 heart, 노勞育, hands, 체體育, health의 4-H 정신을 생활화 함으로써 인격을 도야하고 농심을 배양하며 창조적 미래를 준비하는 교육운동이었다. 해방 이후 낙후된 농촌의 부흥과 실의에 빠진 청소년들에게 활력을 불어넣기 위해 미국에서 전개된 4-H운동을 도입한 것이다.

MCC의 이와같은 농촌 사회 지원 프로그램은 3가지 인식에서 시작되었다. 첫째, 한국의 현실에서 도시는 비약적으로 발전하지만 농촌사회는 낙후되었다. 둘째, 농촌 사회 발전을 위해서는 지도자 양성이 시급하지만 이런 지도자가 양성되고 있지 못하고 있다. 진정한 의미의 농촌 사회 지도자는 희생과 봉사 정신에 기초해야 하는데 이는 기독교정신에 기초한 기관에서야 이루어 질 수 있는 일이

---

70) Sang Jin Choi, 32.

다. 셋째, 농촌사회의 발전 없이는 진정한 도시 및 국가 발전을 도모할 수 없다는 인식이었다. 그래서 MCC는 지역사회 후원 프로젝트를 시작하게 된 것이다. 1960년대 초 이 프로그램을 운용했던 MCC 요원은 브루프톤Bluffton대학에서 생물학을, 오하이오주립대학교에서 농업교육학을 공부한 리렌드 보스Lelend Voth였고, 한국인 농촌지도소장은 경산교회 출신인 정주경씨였는데 후일 목사가 되어 가나안 농군학교 원목으로 일했다.

가족 및 어린이 지원 사업

다섯째는 가족 및 어린이 지원프로그램이었다. 이를 Family Child Assistance Program이라고 불렀는데, 1962년에 시작되었다. MCC는 전쟁 직후 대구에 우유보급소Milk box를 설치하고 영양실조로 허덕이는 아이들에게 유유를 공급한 바 있다. 또 구호사역의 일환으로 빈곤층 가정에 식량이나 피복을 제공한 바 있다. 그러나 이런 지원은 단기적이고 근본적인 해결책일 수 없었기 때문에 이보다 발전된 가정 회복을 위하여 가족 및 어린이 지원프로그램을 시행한 것이다. 아동보호 시설에 수용된 아이들은 해방 직후 3천여 명에 불과했으나 6.25전쟁 당시는 24,945명으로 증가되었고, 1960년에는 62,697명에 달했다. 고아수가 전쟁기간 보다 증가된 것은 전쟁고아들만이 아니라 극심한 가난으로 버려진 아이들이 많았기 때문이다. 이런 현실에서 MCC는 가족공동체 회복을 중요한 과제로 인식하여 와해된 가정을 다시 세워주는 일에 관심을 갖게 된 것이다. '가정보

다 더 좋은 수용시설은 이 세상 어디에도 없다.' 그래서 어린이들로
하여금 수용시설이 아닌 자신의 가정집에서 살면서 가족 간의 유대
감과 연대감을 가지고 성장할 수 있도록 후원하고 지원하는 프로그
램을 운용하게 된 것이다. 이를 위해서는 고용 문제를 해결하는 것
이 우선이었으므로 생활비 지원, 식량제공, 교육비 보조, 의료비 지
원, 그리고 사업지원 등의 프로그램을 실시하였다. 때로는 주택 건
축을 후원하기도 했다.

기독교 아동보호교육

메노나이트중앙위원회MCC의 여섯째 활동은 '기독교아동보호교
육'CCT: Christian Child care Training이었다. 메노나이트는 근본적으로 약
자들, 소수자들, 보호받지 못하는 개인이나 집단 혹은 국가 지원을
최우선 순위로 하기 때문에 한국에서도 아동보호와 구제를 중요한
사업으로 전개한 바 있다. 미망인들을 위한 구제 사역, 봉제나 재봉
틀 교육도 이런 차원의 사업이었다. 인간의 생명, 인간의 가치는 가
장 존중되어야 하고 가중 우선시해야 한다는 것이 MCC사역 방향
이었기 때문에 식량과 피복 제공을 구제 사역의 기본으로 파악하고
있었다. 그런데 앞에서 소개한 '가족 및 어린이 지원프로그램'이 직
접적으로 구호의 대상인 어린아이들을 위한 사역이라고 한다면, 지
금 말하는 기독교아동보호 교육은 아동 보호기관에서 일하는 보모
들과 봉사자들을 위한 교육 프로그램이었다. 다시 말하면 기독 보육
교사 훈련 프로그램이었다. 이 교육을 감당한 이가 헬렌 티센Helen R.

Tieszen, 한국명 지혜련이었다.

이 프로그램은 전쟁이 끝나고 10년이 지난 1963년 3월부터 시작되었다. 그동안은 전쟁 피해자들의 구호가 시급했기 때문에 직접적인 물적 구호 혹은 지원material aid에 치중했지만, 어느 정도 사회가 안정을 되찾게 되자 장기적인 아동보호 교육이 필요하다고 보아 이런 프로그램을 기획하게 된 것이다.

아동보호시설에서 일하는 보모들을 대상으로 했지만 일차적으로는 경상북도와 경상남도 그리고 부산지방에서 일하는 이들을 대상으로 했다. 후에는 교육이 필요한 이들에게 개방되었다. 매년 두 차례 교육 과정이 개설되었는데, 교육은 MCC의 지원을 받는 세 사람의 책임자들에 의해 수행되었다. 그 외에도 여러 강사들이 교육에 참여하였다.

이 프로그램 운영 담당자의 인건비 등 기본 예산은 MCC가 지원했지만, 아동보호시설을 지원하는 월드비전World vision, 기독교아동복리회CCF: Christian Childrens' Fund, 컴패션Compassion, 가톨릭구제회 Catholic Relief Service, 그리고 한미재단American-Korean Foundation 등이 운영기금을 출연했다. 이 교육 프로그램은 3개월간 이루어졌는데, 전반기 6주는 강의, 후반기 6주는 대구 대성원어린이 보육원에서의 실습으로 구성되었다. 이렇게 시작된 아동보호 교육 프로그램은 1970년까지 계속되고 종료되었는데, 1963년부터 1968년까지 202명의 보모들이 교육을 받았고, 1970년가지 310명이 교육을 받았다. 교육을 이수한 이들에게는 정부가 보모 자격증이 수여되었다. 이런 과정에서 이론적으로 그리고 실제적으로 교육 받은 이들은 자신의 근무지에서 수용 아동들을 어떻게 양육할 것인가를 배우고 효과적인 사역을 감당하게 한 것이다.71

이 훈련 프로그램의 실제적인 운영자인 헬렌 티센Helen Tieszen은 1954년에서 1957년까지 MCC요원으로 일한 바 있고, 1961년부터 1970년까지 다시 한국에서 일하면서 이 업무를 주도하였다. 후에는 서울의 연세대학교 아동학과 교수로 활동하며 아동 교육, 아동 복지 등을 가르쳤다. 헬렌 티센은 미국의 대표적인 아동학 관련 저널인 *Children*에 '한국의 장애아의 놀이행동'Play Behavior in Deprived Korean Children, 4/1Jan-Feb., 1957, '한국의 아동복지를 위한 기술적 지원'Technical Assistance for Child Welfare in Korea, 4/4, July-August, 1958, 그리고 「한국가정경제학보」*Journal of the Korean Home Economics Association*, 1979;173에는 '한국의 미취학 아동의 사회행동'Children's Social Behavior in a Korean Preschool과 같은 논문을 발표한 바 있다.

기타: MCC 요원들의 자선활동

이상과 같은 사업 외에도 MCC요원들은 전국적으로 의료사업을 지원하였다. 1954년부터 1964년까지 21명의 간호사들이 내한하여 대구를 비롯하여 부산 서울 등지에서 활동했다. 대구의 공립학교 의료프로그램, 대구일반병원, 대구도립병원, 대구의과대학병원, 부산의 시립건강원, 일신병원, 아동자선병원, 독일적십자병원, 서울

---

71) 이 점에 대한 중요한 문헌으로는 MCC, "Christian Child Care Training, Plans for Training 1967" Folder 18, Box IIB5가 있다.

의 CCF, 아동구호병원, 한미재단 등에서 간호사로 일하는 한편 간호사 훈련, 고아원과 빈민촌 방문 진료, 위생교육 등 지역사회 봉사를 실시하였다.[72] 대구 동산병원에서 일한 대표적인 인물이 베시 클리펜스테인Betty Klippenstein, 1955-1958이였고, 케더린 딕Katherine Dyck, 1953-1956, 베르타 코넬슨Bertha Kornelson, 1955-1956, 그리고 마가렛 윈즈Margaret Wiens, 1955-1958 등은 부산의 일신병원, 아동자선병원 등에서 일했다. 이 중 부산에서 일하다 순직한 이들에 대해서는 다음 항에서 소개하고자 한다.

MCC는 빈곤층 자녀들을 위한 교육보조 정책을 실행하였다. 특히 1959년의 사하라 태풍, 1960년의 4.19혁명, 1961년의 5.16혁명으로 야기된 사회적 혼란 가운데서 경제적으로 어려움에 처한 가정을 후원했다. 한 가정 당 월 2.50달러를 1~2년간 보조했다. 지금은 소액으로 생각될 수 있지만 당시 환율로 계산하면 이 금액으로 어린이들의 의복과 학교 수업료, 책값과 의약품 비를 충당할 수 있는 금액이었다. 이 지원 사업은 1962년부터 1971년까지 약 655 가정에 도움을 베풀었다.

MCC의 또 한 가지 특별한 사역이 화해와 평화 사역이었다. 이 점에 대해서는 재미 학자인 최상진 박사에 의해 연구된 바 있다.[73] MCC는 1954, 1955, 1956년 경산 메노나이트교정에서 국제화해노동캠프 The International Reconciliation Camp를 개최하고 한국과 일본, 필

---

7 2) Eel Sam Kim, 104.

7 3) Sang. Jin Choi, *A History of Mennonite Workers' Peace Mission* (Washington DC: APPA Press, 2006).

리핀 등 외국에서 온 대표들이 학교 농장에서 함께 노동하며, 지역사회의 도로 개선, 하천제방공사 실시 등을 통해 상호이해를 도모하며 국제적인 화해운동을 전개하였다. 또 한일 MCC가 공동주관하는 한일청소년화해노동캠프를 1964년과 1966년 실시한 바 있고, 그이후에도 국제 캠프를 열고 함께 노동하며 교제하고 예배드리고 성찬식을 거행했다. 이런 일련의 시도는 국제 간의 화해와 평화건설을 위한 구상이었지만 실제로 한일 간의 화해를 위한 노력이었다.

이상에서 소개한 메노나이트중앙위원회MCC는 전화戰禍의 와중에 있던 한국과 부산 대구에서 그리고 전후에도 계속 한국에서 구호사역을 감당하였는데, 사역을 시작한 1951년부터 한국에서 사역을 종료한 1971년까지 20년간 79명의 메노나이트 요원들이 한국에서 일했다. 이들은 각종 구호활동, 고아나 극빈아동을 위한 직업교육, 전쟁 과부들을 위한 직업교육, 아동복지사업, 그리고 농촌지도사업을 전개하면서 사랑의 실천, 섬김과 봉사에 대한 모범을 보여 주었다.

7. 부산에서 순직한 MCC 간호선교사

6.25 전쟁 이후 부산에 와서 봉사했던 MCC의 두 여성 간호사가 부산에서 순직한 사실을 아는 이들이 많지 않다. MCC의 한국에서의 사역을 소개하면서 이들의 봉사와 헌신을 기억하는 것도 우리의 의무일 것이다. 6.25 전쟁의 참화로 고아들과 버려진 아이들을 위해 메노나이트 간호사들이 서울, 대구 혹은 부산으로 와 병원과 의료기관에서 일했는데, 1954년부터 1964년까지 20여 명의 메노나이트 간호사들이 내한했다. 그중 두 사람이 부산에서 순직했는데, 캐나다 메노나이트 출신 캐서린 딕Katherine Dyck과 베르타 코넬슨Bertha Kornelson, 1918-1956이었다. 이들은 부산에서 이웃을 섬기는 헌신의 삶을 마감하고 30대의 나이로 하나님의 부름을 받았다.

1) 캐서린 딕

딕Dyck를 한국에서는 van Dyck의 경우에서 보여주듯이 다이크로 발음했는데, 화란어로나 영어로는 딕으로 발음한다. 이런 성씨의 연원으로 보아 캐서린은 화란에서 신앙의 자유를 찾아 북미로 이민

1955년 일신병원의 쌍둥이 파티 때의 매혜영 조산원(원쪽)과 캐더린(뒷줄 우측)

한 이의 후손임을 알 수 있다.

캐서린은 캐나다 사스캐츠원Saskatchewan 주의 로스턴Rosthern 출신
으로 중등학교를 마치고 간호사 교육을 받았다. 그후 전쟁 이후 폐
허가 된 한국에서 봉사하기로 작정하고 1954년 1월 1일 한국에 도
착했다.74 부산에 도착한 그는 결핵에 감염된 30여 명을 돌보는 일
을 시작했고, 또 미숙아를 위한 시립건강아동 관리소Well Baby Clinic
에서 헌신적으로 일했다. 그러다가 1955년 3월 1일부터는 일신산부
인과에서 일하기 시작했다. 효과적인 봉사를 위해 사역지를 수색하
던 중 1952년 9월 설립된 부산 일신병원을 알게 되었고 영아복지 분
야에서 일한 경험이 있는 그는 이 병원에서 사역을 자원하게 된 것
이다. 봉사 인력이 부족한 일신병원은 캐서린이 합류를 환영하였다.

---

74) Eel Sahm Kim, 15.

그래서 케더린 딕은 1955년 3월부터 일신병원에서 소아병동을 관리하며 행정과 복음전도를 도왔다. 특히 그는 영양이 부족한 아이들에게 우유를 공급하는 우유 보급소milk station 책임을 맡아 봉사하는 한편 산전 산후 아이들을 보호하고 영아기 발병할 수 있는 천연두 장티푸스 디프테리아 백일해 파상풍 등의 감염을 막고 예방접종을 실시했다. 그는 성격이 온순하고 검소한 여성이었고, 다른 선교사들이나 직원들과 잘 어울리는 차분한 성격의 여성이었다. 그는 1953년 4월부터 일한 이신옥 간호사와 함께 수유실 발전을 위해 헌신적으로 일했다.

그런데 한국에 온 지 꼭 2년 8개월이 지난 1956년 8월 2일 목요일 오후 6시 40분경 불의의 사고로 목숨을 잃었다. 피로한 일상을 벗어나 해운대 바닷가 바위 위에서 휴식하던 중 갑자기 높아진 파도에 휩쓸려 다섯 사람이 바다 속으로 끌려 들어갔고 결국 하나님의 부름을 받았다. 다른 한 사람이 베르타 코넬슨Bertha Kornelson이었다. 캐더린 딕의 사적은 한국에서 거의 알려져 있지 않다. 단지 일신병원 설립자인 매혜란과 매혜영의 회고기『매켄지가의 딸들』일신기독병원 총동문회, 2012: 152, 175쪽과, 변조은의『은혜의 증인들』한국장로교출판사, 2009에 단 몇 줄의 간단한 언급194쪽만 남아 있을 따름이다. 캐더린 딕이 일신병원에서 일할 당시인 1955년 쌍둥이 파티 때 찍은 두 장의 사진만 남아 있다.

2) 베르타 코넬슨

베르타 코넬슨은 1918년 3월 26일 캐나다 애보츠포드Abbotsford에서 출생했다. 애보츠포드는 브리티시 콜롬비아 주에 속한 소도시인데, 밴쿠버에서 동쪽으로 약 80km 지점에 위치하고 있다. 이 지역은 캐나다는 물론이지만 북미에서 손꼽히는 바이블 벨트Bible Belt로 알려졌을 만큼 기독교세가 강한 지역이다. 이곳에서 농업에 종사하던 가정에서 출생하여 간호사 교육을 받았으나 다른 정보가 없어 어느 학교에서 수학했는지 알 수 없다.

그는 1955년 10월 동료인 마가렛 윈스Margaret Wiens와 같이 내한했다. 이들의 주된 사역은 부산의 아동자선병원에서 고아들을 간호하는 일과 미국에서 보낸 구호품을 적절히 사용하도록 관리하는 책임을 맡았다. 부산아동자선병원은 6.25 전쟁기인 1952년 아미동 부산대학 병원 내에서 미국 군의관들로부터 시작되었는데, 특히 버려진 전쟁고아들을 돌보기 위한 목적에서 설립되었다.[75] 후일 이 병원은 '송도'松島라고 불리는 부산시 서구 암남동 34번지로 이전하여, 고려신학교와 인접한 곳에 위치하고 있었다. 베르타와 마가렛이 내한한 1955년 당시 이 병원은 60개 병상을 가진 소규모 병원이었으나 부산의 고아 혹은 버려진 아동 7천여 명을 관리해야 하는 병원이었다. 전쟁 직후라 고아들의 영양상태가 부실했고 각종 질병에 노출되어 있었다. 특히 이나 벼룩 등이 심했다. 베르타는 주로 4살 이하

---

75) 박영식 장로의 증언(2016. 2. 6). 박영식 장로는 1980년부터 1987년까지 부산아동병원 소아외과 의사로 근무한 바 있다.

의 아이들을, 마가렛은 5살에서 16세 아동을 맡아 관리했다.

　베르타는 메노나이트의 정신에 따라 도움을 필요로 하는 이들에게 조건 없는 사랑을 베풀며 헌신적으로 일했으나 한국에 온지 불과 1년이 못되어 불의의 사고로 하나님의 부름을 받았다. 그는 분주한 일상을 뒤로하고 동료인 마가렛 윈스Margaret Wiens와 캐더린 딕 Catherine Dyck 등과 같이 해운대 바닷가의 돌 위에서 바다를 보며 휴식고 있던 중 갑자기 몰아친 파도에 휩쓸려 바다에 빠지게 되었고, 결국 세상을 떠났다. 이때의 상황에 대한 「국제신보」와 「부산일보」의 기사가 남아 있다.[76] 정확하지 않지만 국제신문 기사를 요약하면 다음과 같다.

　"1956년 8월 2일 오후 6시 40분 경 부산 우동해운대 육군 305 부대 경비지역 내 동백섬 부근 해상에서 미국 여선교사의 딸이 해수욕 중 조난하자 이를 구하려고 미국 여선교사가 물에 뛰어 들어가 익사지경에 빠지고 이를 본 미국 공군중령, 미군 헌병, 미군 병사 등이 차례로 물에 뛰어들어가 결국 5명이 모두 익사하는 사건이 발생했다. 이 사건이 알려지자 한국 경찰 15명, 의용소방대 20명, 수상 경비정 1척이 동원되었고, 미군 측에서는 미군 3백 명, 정찰기 1대, 해상경비정 등이 동원되어 철야 시체 인양 작업에 종사하였으나 파도가 심해 실패했고, 3일 상오 10시 반 현재 미국 여선교사와 공군 중령의 시체를

───────────────

7 6) 국제신문 1956. 8. 4. 일자, 부산일보 1956. 8. 4. 일자.

인양하였다."

선교사 딸이 물에 빠진 것이 아니고 파도에 휩쓸려 두 여 선교사가 파도에 휩쓸렸고, 두 미군이 이들을 구출하기 위해 바다로 띄어들었으나 그 두 사람마저 익사하여 결국 네 사람의 희생자가 발생한 것이다.

베르타의 시신을 수습하였으나 생시에 한국에 묻히길 원해 일단 부산에 묻혔다. 베르타는 가족들이나 미국 펜실바니아주 아크론Akron에 있는 메노나이트중아위원회MCC에 "내가 만일 한국에서 죽는다면 한국에 묻히고 싶다"고 말해왔다고 한다. 부산에서 장례예배를 드릴 때 배상갑 당시 부산시장은 백만 부산시민을 대표하여 우리 주님께서 영원한 인식을 주실 것을 진심으로 기도하고, 선한 씨앗이 후일 한국 역사에 수천 배의 결실을 가져올 것을 확신한다고 인사했다. 부산에 안장되었던 베르타의 유해는 1966년 3월 20일 경상북도 경산군 압량면 신천동의 메노나이트 학교 뒷동산에 이장되었다. 묘비석에는 영어와 한글로 이렇게 기록되었다.

Berta Kornelson

Abbotsford B.C. Canada
Born March 26, 1918
Passed Away (Drowned) Aug. 2, 1956
"She Lived to Serve"
II Tim. 4. 7-8.

고 벌타 코넬슨

깨나다 에보쯔포오드 비.씨.

1918년 3월 26일 출생

1956년 8월 2일 서거

"일생을 봉사사업에 헌신함"

듸모데후 4. 7-8

6. 맺으면서

　이상에서 종교개혁 이후 전개된 재세례파의 역사와 그들의 북미 혹은 남미로의 이주와 확산, 그리고 메노나이트중앙위원회MCC 구호사업, 한국에서의 구호와 교육사업 등에 대해 살펴보았다. 16세기 이후 이들 아나뱁티스트들은 유아세례를 거부한다는 이유에서 국가권력, 로마 가톨릭, 그리고 프로테스탄트들에 의해서 모진 박해를 받았으나 저들의 신앙과 사상을 지키기 위해 투쟁해 왔다. 메노나이트는 비록 교리적인 문제에 있어서는 장로교회를 비롯한 다른 개신교회와 차이가 있지만 이들이 보여준 구호와 봉사, 섬김과 배려, 그리고 비폭력 평화사상은 전화의 고통을 경험한 우리들에게 공존共存과 상생相生의 가치를 일깨워주었다.

　1951년 10월 이후 한국에서 구호와 구제, 직업교육과 자립 훈련 사업을 전개했던 메노나이트와 메노나이트중앙위원회MCC는 1971년 3월 31일 자로 20년간의 한국에서의 사역을 마감하고 철수 했지만 1995년부터는 북한을 돕기 위한 사업을 시작하였고, 2018년 4월부터 2019년 3월까지 1년간 북한에 14만 4천 개의 고기 통조림을 지원하였다. 이는 전 세계에 지원한 고기 통조림 67만 899개의 20%

122 더 급한 곳으로 가라

를 차지했다. 메노나이트는 도움이 필요한 이들에게는, 그가 동족이던 타국인이든, 아군이든 적군이든 구별하지 않았고, 배고픈 자에게는 먹이고 입혀야 한다고 생각했다. 이들은 필요한 이들에게는 아낌없이 베풀었다. 이런 정신으로 6.25 전쟁기와 그 이후 80여 명의 메노나이트교회 젊은이들이 한국에서 봉사한 것이다. 오직 그리스도의 이름으로.

현재 전 세계적으로 흩어져 있는 메노나이트들은 1998년 당시 약 100만 명으로 60여 개국에 산재해 있었다. 이중 미국에 30만, 콩고에 18만, 캐나다에 13만, 인도에 9만, 인도네시아에 6만, 에디오피아에 6만 7천, 독일에 4만명이 살고 있었다.[77] 15년 후인 2003년에는 아시아 태평양 지역에 21만 명, 유럽에 5만3천 명, 아프리카에 45만 2천 명, 북미에 45만2천명, 카리브와 중남미에 13만3천 명의 메노나이트들이 살고 있어, 전 세계적으로 메노나이트들은 130만 명에 이른 것으로 보고되었다.[78] 2025년 현재는 61개국에 110개의 교회연합체 조직이 있으며, 1만 180개의 교회에 145만명의 메노나이트들이 있다.[79]

---

7 7) Merle Good ed., *What Mennonites Are Thinking* (Intercourse: Good Books, 1998), 29.

7 8) 루디 배르근, 『메노나이트 이야기』, 211-213.

7 9) https://mwc-cmm.org/en/

부록: 한국에서 일한 메노나이트 인물들

성 명	체한기간,	주 활동지역
1. Dallas Voran,	1951.10-1953,	부산.
2. Ernest Raber,	1953.7-1956,	부산, 대구
3. Mary Raber,	1953.7-1956,	부산, 대구
4. Dale Weaver,	1953.7-1956,	부산, 대구
5. Robert Lee,	1953-1956,	대구
6. Dale Nebel,	1953-1954,	대구
7. L. Robert Kohls,	1953-1954.7,	대구
8. Norma Kohls,	1953-1954.7,	대구
9. Eva Harshbarger,	1953-1954,	대구
10. J. Harold Yoder,	1953-1955,	대구,
11. Patrica Yoder,	1953-1955,	대구, 간호사
12. Robert Lee,	1953-1956,	대구
13. Adam Ewert,	1953.10-1954,	대구
14. Katherine Dyck,	1953.10-1956.8,	부산 일신병원, 간호사
15. Lois Kuhns,	1953.10-1956.1,	대구, 간호사
16. Howard Burkholder,	1953.10-1956.10,	대구,
17. Eldon Warkentin,	1953.10-1955,	대구
18. Clara Eshleman,	1954-1957.11,	대구,
19. Harry Harms,	1954.10-1957.2	
	1959-1962.9,	대구
20. Anna Harms,	1954-1962,	대구

21. Omar Lants,	1954-1955,	대구
22. Woodrow Ramseyer,	1954.4-1956.1,	대구
23. Merle Springer,	1954-1955,	대구
24. Valentine Yutzy,	1954.2-1957.2,	대구,
25. Fern Hershberger,	1954-1957.3,	대전, 간호사
26. Arlene Sitler,	1954-1954,	서울CCF)
27. Donald Klippenstein,	1955-1958.7,	대구
28. Betty Klippenstein,	1955-1958.7,	대구 동산병원, 간호사
29. Bertha Kornelson*,	1955.10-1956.8,	부산 아동자선병원, 간호사
30. Margaret Wiens*,	1955.10-1958.9,	부산 아동자선병원, 간호사
31. James Hostetler,	1954-1957.12,	서울 CCF
32. Helen Tieszen,	1954-1957.12,	서울 CCF
	1961-1971,	서울 연세대학교
33. Kenneth Brunk,	1956-1959.1,	대구
34. Twila Brunk*,	1956-1959.1,	대구
35. Melvin Joseph Smucker,	1956-1959.7,	대구
36. Katherine Friesen*,	1956-1959.9,	서울 아동구호병원, 간호사
37. Robert Gerber,	1957-1960.9,	대구
38. Lloyd Miller,	1957-1960.3,	대구
39. Leland Voth,	1957-1967,	대구
40. Joanne Voth,	1957-1967,	대구
41. Arlene Zimmerman*,	1957-1960.1,	부산 아동자선병원, 간호사
42. Anna Klassen*,	1957-1960.1,	서울 아동구호병원,
43. Ruth Keim,	1958-1961.3,	대구
44. Jacob M. Klassen*,	1958-1961.9,	대구
45. Katherine Klassen*,	1958-1961.9,	대구
46. Daniel Roth,	1958-1961.8,	부산 아동자선병원
47. Irma Dyck*,	1958-1961.8,	부산아동자선병원, 간호사

48. Tina Letkeman*,	1958-1961.8,	부산아동자선병원, 간호사
49. John Zook,	1958-1961.8,	대구
50. Rosemary Zook,	1958-1961.8,	대구, 간호사
51. Allen Litwiller,	1959-1962.3,	부산 아동자선병원
52. Elton Sutter,	1959-1962.2,	대구
53. Mabel Brunk,	1959.3-1964.6,	부산 아동자선병원, 간호사
54. Esther Thiessen*,	1959-1962.7,	서울 아동구호병원, 간호사
55. Roy Bauman*,	1960-1963.3,	대구
56. Dorothy Hoover*,	1960-1963.3,	부산 아동자선병원, 간호사
57. Lydia Schlabach,	1960-1963.11,	서울 CCF, 간호사
58. Paul Hochstetler,	1961-1964.11,	대구
59. Eugene Dick,	1961-1964.12,	부산 아동자선병원
60. Harding Duerksen,	1962-1965.3,	대구
61. Karl Bartsch*,	1962-1965.7,	대구
62. Evelyn Bartsch*,	1962-1965.7,	대구
63. John Slotter,	1962-1963.9,	대구
64. Walter Rutt,	1963-1965.1,	대구
65. Gladys Rutt,	1963-1965.1,	대구
66. Lyle Troyer,	1964-1966.7,	대구
67. Leon Sommers,	1965-1967.11,	대구
68. Mark Miller,	1965-1968.11,	대구
69. Lloyd Ramseyer,	1966-1966,	대구
70. Ferne Ramseyer,	1966-1966,	대구
71. Henry Goossen,	1966-1968,	대구
72. Edna Goossen,	1966-1968,	대구
73. Gary Marner,	1967-1970.4,	대구
74. Sharon Marner,	1967-1970.4,	대구
75. Alfred Geiser,	1968-1970.9,	대구

76. Andrew Leatherman,   1968~1970.11,   대구
77. Dorothy Leatherman,   1968~1970.11,   대구
78. John R. Dyck,   1969~1970.11,   대구
79. Paula Dyck,   1969~1970.11,   대구

범례. * 표는 캐나다인. 그 외는 미국인

이상규

고신대학교 신학과 교수(교회사학)였고 현재는 백석대학교 대학원 석좌교수로 있다. 그간의 연구과 저술로, 통합연구학회 학술상(1991)을 수상한 이래 한국교회사학연구원 학술상(2010), 기독교문화대상(2010), 올해의 신학자상(2012), 복음주의신학회 학술상(2018), 야립학술상(2021)을 수상했다. 여러 학회에서 활동하였고, 개혁신학회와 장로교 신학회 회장을 역임하였다. 현재 국제신학저널인 *Unio cum Christo* (2015 이후)와 *Reformed Theological Review* 편집위원(2021 이후)으로 활동하고 있다.

또 『교회개혁사』(성광문화사, 1997), 『교회개혁과 부흥운동』(SFC, 2004), 『해방전후 한국장교회의 역사와 신학』(한국기독교역사연구소, 2015), 『초기 기독교와 로마사회』(SFC, 2016), 『역사의 거울로 본 교회, 신학, 기독교』(생명의 양식, 2020. 7), 『우리에게 평화를 주소서』(SFC, 2021) 등을 저술했고, 『윌리엄 베어드의 선교일기』(숭실대학교출판부, 2011), 『군대가는 그리스도인에게』(John Driver, 대장간, 2021) 등의 역서가 있다.